PUHUA BOOKS

我
们
一
起
解
决
问
题

U0123878

从**会做笔记**到**高效学习**

康奈尔笔记法

柳　柳◎著

人民邮电出版社

北　京

图书在版编目（CIP）数据

康奈尔笔记法：从会做笔记到高效学习 / 柳柳著
. -- 北京：人民邮电出版社，2023.9（2024.2重印）
ISBN 978-7-115-62406-2

Ⅰ. ①康… Ⅱ. ①柳… Ⅲ. ①学习方法 Ⅳ.
①G442

中国国家版本馆CIP数据核字(2023)第135716号

内 容 提 要

很多成功人士都有一个共同的习惯，那就是做笔记。科学、有效地做笔记，可以帮助我们重塑思维模式、改变行为方式，进而提高学习效率、提升工作效能、收获圆满的人生！康奈尔笔记法是一种世界公认的科学方法，适用于各个领域，且符合大多数人的习惯。

本书作者践行康奈尔笔记法多年，从这一方法中受益良多。作者在介绍了做笔记如何改变人生后，简要地概述了康奈尔笔记法的原理和应用，之后详细地介绍了如何使用康奈尔笔记法提升专注力、增强记忆力、高效复习和学习、备战考试、进行时间管理和自我管理、克服拖延、建立自信、重塑阅读和写作。最后，作者总结了做笔记的实战技巧，手把手帮助读者做好笔记、高效学习。

本书适合中学生、大学生、研究生，各类考试的备考人员，刚进入职场的年轻人，以及学生家长阅读和使用。

◆　　　著　　柳　柳
　　责任编辑　贾淑艳
　　责任印制　彭志环

◆人民邮电出版社出版发行　　北京市丰台区成寿寺路 11 号
　　邮编 100164　　电子邮件 315@ptpress.com.cn
　　网址 https://www.ptpress.com.cn
　　涿州市京南印刷厂印刷

◆开本：880×1230　1/32
　　印张：9　　　　　　　　　　2023 年 9 月第 1 版
　　字数：258 千字　　　　　　　2024 年 2 月河北第 9 次印刷

定　价：59.80 元
读者服务热线：（010）81055656　印装质量热线：（010）81055316
反盗版热线：（010）81055315

广告经营许可证：京东市监广登字 20170147 号

致谢

感谢郑磊老师，一直在鼓励我，倾听我的想法。

感谢刘竹，在写作前期给了我许多建设性意见。

感谢李佳原，总与我分享科学、先进的工作方法。

感谢我的编辑贾淑艳，为我的写作提供了许多指导和灵感。

感谢我的妈妈，她一直保留着我 10 岁时写的故事集，

让我重拾写作的快乐。

前言

为什么你需要这本书

很荣幸能与你在书中相遇。我不知道你翻开本书的目的是什么，也许你想寻求一种高效的学习方法，也许你想改变现状，或者你是带着试试看的心态翻开了这本书。

无论如何，请记住你现在的样子，因为你将从此发生改变，人生将从此不同，你只需要张开双臂，用心迎接它的到来！

我们发现许多成功的学者、运动员和科学家甚至富翁都有一个共同的习惯——做笔记。笔记中，似乎蕴藏着改变人生的力量。

有人通过做笔记从学渣逆袭成学霸，有人通过做笔记打造了价值上亿的商业帝国，有人通过做笔记从普通职员成长为专业领域的大师。我自己也是做笔记的受益者，成绩从不及格一跃提升到满分。我坚信，掌握了科学、高效的笔记技巧，对个人在学业和事业上的成功至关重要。

人人都在做笔记，人人都需要做笔记。做笔记这件事贯穿我们的一生，学生写下课堂笔记，上班族记录工作会议笔记，医生做病人的情况登记……但并不是人人都会做笔记，甚至很多人都在用低效的方法做笔记！

做笔记就是简单地将所听所见写下来吗？

并不是。不少人认为，做笔记就是把听到、看到的内容记下来。甚至有人认为做笔记无关紧要，纯属浪费时间。这些想法都大错特错。做笔记是思考的过程，不是简单的复制。

做了笔记，就可以取得成功吗？

是，也不完全是。如果你追求的是"1 分钟学会的高效笔记术"或者"3 个让成绩飙升的技巧"这类的内容，那本书并不会涉及。真正能改变你的，是通过做笔记带来的思维方式和认知方法的转变。

在接下来的内容中，你可以和我一起探索，如何通过简单有效的笔记方法，循序渐进地改变我们大脑原有的运作方式。

改变做笔记的方式，将改变思维方式，随之而来的是行为的改变。行为改变了，结果自然就改变了。因此，我们可以通过做笔记改变思维，进而改变人生。当然，只有理解了笔记方法背后的运作方式和原理，并将其付诸实践，才能让你走向前所未有的成功。

我研究并在自媒体上分享了许多笔记方法，涵盖了从热门到小众的各类技巧，以及各大名企、世界著名学府都在运用的笔记方法。

随着我在网络上分享的笔记技巧广泛传播，有些人留言说，自从开始做笔记后，他们的学习成绩有了很大提升，有人说自己终于上岸了，有人说通过改变做笔记的方式"扭转"了他们的生活。在日常学习和个人成长中，总有一些基础的技巧和方法，能让我们取得质的飞跃。

我时刻在思考，有没有一种笔记方法，被公认为科学有效、适用于各个领域，且符合大多数人的习惯，并操作简单？

答案是有的，那就是康奈尔笔记法。这是一种被世界公认为科学、高效的笔记方法。无论世界名校的学生，还是国际知名企业的员工，很多人在使用这种笔记方法，它已风靡了50多年。康奈尔笔记法通过一种十分简单的格式，改变人的思维模式，彻底颠覆了很多人的学习和工作方法。

正在阅读本书的你，也许对自己的现状不满，也许正朝着自己的目标奋力前行。你应该知道，你可以借助一些方法和工具，重塑自己的思维模式，改变行为方式，从而实现个人突破和成长，达成理想的目标。当然，改变从来都不是轻而易举的，需要你下定决心，并勇于迎接挑战。

也许，你和成功人士、学霸之间只差一种笔记方法。这种方法一直都在，你现在就可以开始学习它。

无论你是第一次听说康奈尔笔记法，还是已经尝试过这种笔记方法，无论你是笔记方法的初学者，还是经常做笔记的"老手"，本书都将为你提供一套得心应手的行动方案，从零开始，循序渐进地教你一步步做出高效笔记。有了它，你将告别焦头烂额、手足无措的生活，你将掌控自己的生活，让一切变得游刃有余！

在本书中，你将学到以下内容：

- 高效笔记的底层逻辑，如何避免低效做笔记，并且做出有效笔记；

- 什么是康奈尔笔记法，以及它的使用方法；

- 如何提升专注力，不再分心和走神；

- 使用康奈尔笔记法高效听讲和做笔记；

- 如何提升记忆力；

- 利用康奈尔笔记法复习、备考和应对考试；

- 如何提高效率，有效管理时间；

- 克服拖延症，培养自律的习惯；

- 使用康奈尔笔记法做日程规划和任务管理；

- 如何找到自信和动力；

- 通过康奈尔笔记法，重塑阅读和写作方式；

- 高效做笔记的实用方法和技巧。

本书将通过大量具体的笔记案例、插图，手把手教你学会做笔记。我相信本书能对你的学习和生活产生巨大的影响。在这个过程中，请你将本书中的技巧，与你现在做笔记的习惯进行对比，并按照本书的指导，一步步将这些方法运用到你的学习、工作和生活中。

目标并非遥不可及，成功也并非天方夜谭，通过科学有效的方法，并且加以实施，我们都可以实现心中的理想。

改变是一个细水长流的过程，通过日积月累，当有一天蓦然回首时，你会发现轻舟已过万重山，你的人生已然发生了巨大的改变！

让我们一同踏上改变人生的笔记之旅吧！

目录

第 1 章

做笔记如何改变人生

第 2 章

康奈尔笔记法的原理和应用

第3章

提升专注力

第4章

让记忆力倍增

第5章

高效复习

第 6 章

考试高分的秘诀

第 7 章

时间管理、自我管理方法

第 8 章

重塑阅读和写作

第 9 章

做笔记的实用技巧

第 10 章

克服拖延，采取行动

第 11 章

想优秀，先自信

第 **1** 章

做笔记如何改变人生

奥运选手、亿万富翁、著名画家与发明大王的秘诀

📝 奥运选手的秘密

那是 2012 年的夏天，伦敦奥运会正如火如荼地进行。

美国女子赛艇运动员沙拉·亨德肖特正在全力备战，你能猜到她的秘诀是什么吗？

答案是沙拉会随身携带笔记本，记录每次训练和比赛的情况。通过这些笔记，她能回顾之前的结果，对比每次比赛的表现，反思需要提高和改进的地方，从而在下一次比赛时提高自己的成绩。

沙拉还用笔记本做时间管理。她每天都会提前规划第二天的事项，甚至会制定出这个月的行程安排，并为每项任务分配需要完成的时间。这样有助于她合理安排密集的训练和生活事务，避免当天在做决定上消耗时间。

只是简单做笔记，却帮助她提升了训练成绩，并把时间利用到极致。

📓 亿万富翁最重要的东西

作为全球最富有的人之一，理查德·布兰森成为亿万富翁的道路颇具传奇色彩。

他创办过杂志，该杂志一经出版就非常火爆。他还开过唱片公司，业务涵盖了唱片销售、专辑制作、录音等多个领域。他推出的唱片登上了各大音乐榜榜首，他还签下了许多著名的歌手和乐队，如滚石乐队、辣妹组合等。

布兰森创办的最著名的企业就是维珍航空——开启了航空业的新篇章。

有一次，布兰森发现航空业服务和顾客体验都极差，人们坐飞机就像被牛赶上车一样。这成了他决定开设价格低廉的跨大西洋航班的契机。后来，大名鼎鼎的"维珍航空"诞生了。

维珍航空在某种程度上颠覆了传统航空业。它提供更优质的服务，在飞机座椅背后配备屏幕供乘客观看电影，维珍是这方面的先驱者，这让它领先其他航空公司很多年。维珍航空也是最早禁止在飞机内吸烟的企业，为乘客营造了干净的飞行环境。

再后来，他的商业帝国不仅涉及航空、唱片业，还延伸到铁路、电子、零售、航空制造等领域。这让他连续名列福布斯富豪榜多年，成为家喻户晓的成功人士。

有人或许会好奇，创建了如此庞大的商业版图，对布兰森来说，最重要的资产是什么？

没错，依然是一个笔记本！

他不止一次说过，无论何时何地，都会随身携带笔记本，甚至旅行时也会带着。这样做可以让他随时随地记下脑中的任何想法。布兰森总有许多天马行空的想法，极富创意的商业宣传手段，他似乎总能洞察市场空白点，找到商机。灵感易逝，如果不及时写下来，这些宝贵的点子就稍纵即逝。正是因为他坚持记录下所有的想法，正是这一页页的笔记，帮他一步步积累了如今的财富。

在经营企业时，他同样会随时带着笔记本，记录看到的问题，无论大小，然后一个个去解决。他会和机组人员聊天，会和每一位乘客聊天，记录他们的反馈，甚至会关注机组人员的新工作鞋是否合脚。

他会详细列出他不喜欢的产品的特点，再写下自己期望看到的产品特点。然后想方设法改进那些不尽如人意的地方，逐步将产品打磨成喜欢的样子。

笔记本成了布兰森灵感的摇篮，孕育了一个个创意和大胆的商业想法。他会根据记录的问题，不断地问自己"为什么"，一步步接近问题的本质，找到更好的解决办法。

想想看，我们曾让多少灵感白白溜走！也许我们错过的也是价值百万的好点子！

是画家也是科学家

著名画家达·芬奇同样也是笔记的狂热分子，他的笔记结合了文字、符号、各种图表和色彩，使内容更加清晰。他的笔记本像一本图文并茂的百科全书，很多博物馆也曾展出过他丰富的笔记——"达·芬奇手稿"。

科学史学家丹皮尔曾说："如果当初达·芬奇发表了他的著作，科学会快进一百年。"

超人般的生产力

"世界发明大王"托马斯·爱迪生拥有上千项发明，他不仅发明了电灯，还有电池、留声机、发报机，等等。爱迪生是历史上最高产的发明家之一，对人类文明做出了深远的贡献。

爱迪生是如何做到如此高产的呢？也许我们能在他的笔记本中找到答案。

据统计，爱迪生记录了约 500 万页的笔记。这些笔记包罗万象，不仅包括每项发明过程中的所有细节，还包括实验项目、任务清单、成本管理，等等。据说，为了研究电灯，爱迪生就记录了上万页的笔记内容！

不管奥运选手、亿万富翁、著名画家，还是发明大王，都离不开做笔记，做笔记仿佛打开了他们的思路，让他们记住更多的东西，思考得更加深入，输出更多成果，帮他们成为各个领域首屈一指的行业领袖。

人们也开始发现做笔记的重要性，关于做笔记的教程和技巧开始大量涌现，在社交媒体上关于做笔记的热门视频播放量高达几百万，关于笔记的话题浏览量更是上亿！

面对五花八门的做笔记技巧，如何选择适合自己并能应付各类场景的笔记方法？

答案就是你可以尝试康奈尔笔记法。

改变思维，重塑人生

在你的一生中，你是想当一个被动的人，逆来顺受地坐等命运降临，还是想当一个主动出击、为自己争取机会、改变命运的人？

我相信大部分人都想成为后者，但他们的行为却恰恰相反。这一点也许在做笔记这件事中能找到端倪。有些人压根儿不做笔记，任由知识来了又去；有些人做笔记不假思索，照抄所看到的内容；有些人记完笔记后懒得再看，懒惰是一时的，但久而久之会拖累整个人生。

你需要明白，你是自己人生的唯一负责人。行动起来，才能带来改变。改变做笔记的方法，就是一个让你掌握主动权的过程。

与传统笔记的区别

与传统笔记相比，康奈尔笔记不仅解决了传统笔记中的杂乱无章，让人缺乏思考、不懂应用等问题，还帮助我们理解和分析信息，改善思维方式。

更为奇妙的是，康奈尔笔记法可以满足不同的使用需求：

- 学生可以用它提高学习效率，应对听讲、复习和考试，提升记忆力和专注力；
- 社会人士可以用它管理任务，高效完成工作，实现卓越；
- 有写作需求的人可以用它整理读书笔记、提高写作水平；
- 所有人都能利用它做规划、进行自我管理、提高创造力、进行反思和高效复盘。

通过康奈尔笔记法，我们可以改变思维方式，实现自我成长和突破。改变做笔记的方法，将成为我们开启新认知的大门。有了它，我们会变得更高效，将学习和工作安排得井井有条，做事会更有条理，逻辑能力和解决问题的能力也会大大提高！它的功能还可以根据我们的具体使用而拓展。

康奈尔笔记法是什么

康奈尔笔记法是一个简单科学的笔记系统，一套行之有效的工具。这个笔记系统操作非常简单，容易上手，但它背后的逻辑和原理却极为深刻。

通过这套笔记方法，我们可能会彻底颠覆原有的学习和工作方式。我们将对学习有更深刻的理解，让效率显著提升，迅速走上自我成长的快车道。

这一切都要归功于沃尔特·鲍克（Walter Pauk），他是康奈尔大学的教育学教授，正是他发明了康奈尔笔记法。

康奈尔笔记法一经问世，就席卷学术圈，并且已经风靡了半个多世纪！经过时间的检验，它历久弥新。它从来都不是什么秘密，全世界都公认它为最有效、最具科学性的笔记体系。

虽然很多人都知道康奈尔笔记法，但真正知道如何运用它的人却很少！

接下来，我们开始正式介绍康奈尔笔记法！

你准备好了吗？

画出康奈尔笔记

使用一张 A4 大小的纸或笔记本。

在距离左侧 6 厘米的位置画一条竖线，停在距离页面底部 5 厘米的地方；然后，在距离页面底部 5 厘米的位置画一条横线。

这样，一页康奈尔笔记格式就完成了！是不是非常简单？

图 1-1 展示了康奈尔笔记的格式，图 1-2 展示了如何画出康奈尔笔记。

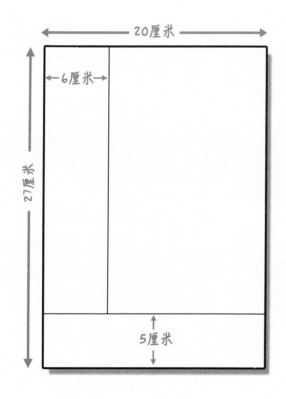

图 1-1 康奈尔笔记的格式

第一步

- 准备一个A4大小的笔记本；
- 在距离左侧6厘米的位置画一条竖线；
- 在距离页面底部5厘米的地方停下。

第二步

- 在距离底部5厘米的位置画一条横线。

- 如果你的笔记本不是A4大小；
- 或者你记不住具体要画多少厘米；
- 可以理解为在距离左边1/3处画一条竖线；
- 在距离底边1/6处画一条横线。

图 1-2　如何画出康奈尔笔记

康奈尔笔记法的 3 个区域

通过康奈尔笔记格式，一页纸被分为 3 个区域：笔记栏、线索栏和总结栏。它们"各司其职"，分工明确，具有完全不同的用途和意义，如图 1-3 所示。

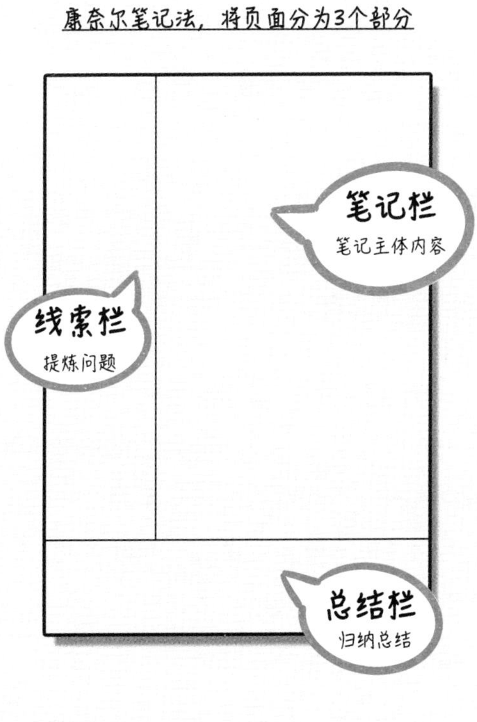

康奈尔笔记法，将页面分为3个部分

笔记栏
笔记主体内容

线索栏
提炼问题

总结栏
归纳总结

图 1-3 康奈尔笔记法的 3 个区域

● **笔记栏**：位于右侧，记录笔记的主体内容，例如，课堂上老师讲的知识、黑板上的板书、阅读中学到的内容、工作上的任务等。

● **线索栏**：位于左侧。将右侧的笔记内容提炼成一个个问题，写在这里。就像一个"提问系统"，是笔记的索引栏。

● **总结栏**：归纳总结这一页笔记的内容。

我们会在下一章更加详细地介绍每个区域的用法。

停！别再这样做笔记了

你是否有以下的情况：

● 总觉得时间不够用，但每天玩起手机来就是几小时；

● 有做不完的作业、工作，每天忙得焦头烂额；

● 拖延症晚期，不到最后一刻不开始；

● 工作和生活混为一谈，没有个人时间；

● 明明很努力，但结果依然不理想；

● 定了很多计划和目标，坚持没几天就放弃了；

● 想培养兴趣爱好，却迟迟开始不了；

　………

以上的情况你占了几项？还是全部都中了？不要紧，这是目前大部分人都面临的问题。我们有太多的事情要做，有太多的问题要解决，而又有太多让我们分心的东西，于是时间越来越不够用，个人的空间被挤压得越来越小。

无论现在的你，对现状有着怎样的不满，你都可以通过自己的力量进行改变。

做笔记几乎是我们每天都在做的事情。课堂上，老师讲的重点，我们会记在书上或笔记本上；工作中，领导提出的各种工作要求，同事讨论的下一步工作计划，我们会记在工作本上；生活里，想要提醒自己一件事，或者记一个电话号码，我们会随手记在便利贴上。

我们几乎每天都在做笔记。但是，你真的会做笔记吗？

很多人不会做笔记，甚至一直在用错误的笔记方式。错误的笔记方式，不仅会让我们走很多弯路，甚至还浪费时间，拖我们的后腿！图 1-4 展示了几个典型的问题。

图 1-4　典型的问题

常见的做笔记问题

以下几种错误的笔记方式，哪种是你正在使用的？

密集型笔记

使用很小的笔记本，每页笔记都密密麻麻，毫无排版之美。

危害：给复习带来困难，找不到重要信息，不知从哪看起。每页记得太满也容易导致"懒得看"的心态，降低学习效率。

无脑抄书型笔记

恨不得把课上老师说的每句话、板书的每个字都抄写下来，过于追求完整性，生怕遗漏了什么。这类笔记被称为"无脑抄书型笔记"。

写下笔记的过程，应该是一个思考的过程，我们应该用自己的话来复述听到和看到的内容。

危害：如果只是抄写，原封不动地把老师的板书、课本的内容抄下来，毫无自己的思考，不仅极其浪费时间，对学习也毫无帮助，我们就变成了一台"复制粘贴"的机器。

半途而废型笔记

有的学生在开学时兴致勃勃买了很多笔记本和文具，决定要"大干一场"好好做笔记，但没写几页就放弃了！可能是觉得麻烦，也可能是学业压力大，没时间做笔记。

危害：做笔记需要持续的输出，如果只是偶尔做笔记，效果和不做笔记没有太大区别。

失忆型笔记

上课时老师讲得太快，来不及做笔记，或者走神了，导致笔记很潦草地写在书上、笔记本上，结果下课了自己都看不懂。

危害：这样的笔记让人完全回忆不出自己当初的想法和目的。

"阅后即焚"型笔记

有的人在做完笔记后，就把它丢到一边，再也不看；有的人因为时间紧迫，来不及看；有的人因为不知从哪看起，索性不看。

危害：明明做了笔记，却没有复习，那就等于白费功夫。

笔记的一个作用，就是帮助记忆，写完的笔记一定要复习，才能发挥其作用。

过度型笔记

有的人花费很多时间做笔记，将笔记整理得像手账一样，有各种格式、排版、荧光笔迹、贴纸。乍一看很美观，但太花哨、颜色太多。

危害：不利于后期查找信息，这类笔记浪费时间，本末倒置。做笔记是为了更好地服务于我们的学习和工作，大可不必拘泥于形式。

混乱的工作笔记

有的人会议记录写得太过烦琐、内容混乱，后期无法跟进，导致工作进度缓慢，没有进展。

从小到大，我们从未被教授过如何做笔记，以及如何使用笔记本。大部分人都是在成长过程中一步步摸索，"自学"了如何做笔记。就像一上来告诉我们要用功学习，却不告诉我们如何学习。

笔记在我们的学习和生活中无处不在，杂乱无章的笔记让我们找不到关键信息，写完了再也不看的笔记毫无意义。无效笔记不仅浪费时间，还阻碍我们前进。快看看自己的笔记属于上述的哪种情况吧！

那么，怎样的笔记属于高效笔记？

第 2 章

康奈尔笔记法的原理和应用

这才是高效笔记

著名投资人查理·芒格创造了很多投资界的神话。他说过，想要成功，其中一个方法就是避免可能会出现的失败。

我们现在已经知道哪些笔记方式是错误的，在今后的学习中要尽全力避免做出这样的笔记。

无论为了提升学习成绩，还是为了实现更高的人生目标，我们都应该学会做高效笔记。

什么是高效笔记

- 帮助理解：笔记是理解后记录下的产物，我们应结合自己的思考，进行总结和反思。

- 概括总结：我们要用自己的话概括相关知识，对原文进行浓缩改写，而不是简单地抄写。

- 格式和结构：我们要按照科学、有效的笔记格式记录信息，建立清晰、明确的知识体系。

- 简明扼要：我们应简洁地记录核心和关键内容，舍去无关紧要的内容，避免冗杂。

- 图文并茂：我们要善用图表，结合文字，促进理解和记忆。

- 条理清晰，主题明确：我们应通过编号、小标题、分类等，建立信息框架，便于内容查找。笔记的每一页都应有对应主题。

- 易于回顾：笔记内容应便于复习和查找，帮助记忆，活学活用。

我们不难发现高效笔记和无效笔记的区别，如图 2-1 所示。请牢记这个图，每过一段时间，根据这个对比图问问自己现在做的是高效笔记还是无效笔记。

高效笔记可以帮助我们转变思考方式、培养思维，让我们在学业、工作，甚至副业、任何想要发展的领域，取得前所未有的成就。

康奈尔笔记法是被世界公认的一种科学、有效的笔记方法，符合上述高效笔记的原则，被常春藤名校、国际知名企业广泛运用。并且，它可以有效避免低效笔记中的常见问题，从源头控制做笔记的质量！

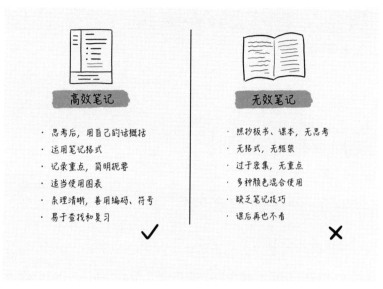

图 2-1　高效笔记和无效笔记

它的笔记格式，通过一些"条条框框"让我们主动思考，比如，帮我们思考：这章内容、这节课的重点是什么？这段话如何简要概括？考试会怎么考？等等。而这些是我们在学习时可能不会主动去做的事，但这些想法才是在加工信息、在大脑中分析信息，从而理解信息。只有这样，我们才能记得更牢固，才能真正"学会""学懂"知识。

康奈尔笔记法好在哪儿

使用康奈尔笔记法具有以下几个益处。

📑 第一个益处：帮助记忆

就像维珍的老板布兰森所说，如果不写下来，就会忘记。不做笔记可能让我们在考场上损失十几分，也可能让我们错过价值百万的商业灵感！

同样，笔记本就像达·芬奇、爱迪生的第二大脑，帮他们记住了各种各样的科学内容和发明。

在第 4 章中，我们将讲解如何通过笔记成为记忆高手！

📑 第二个益处：促进思考

康奈尔笔记法可以帮助思考。如果只是原封不动地、机械地抄写听到或看到的信息，那我们只是在复制粘贴，被动地接收信息。大脑不会对接收到的信息进行加工，如果没有主动思考，这样的笔记几乎没有意义。

$$笔记 \neq 复制$$
$$笔记 = 思考$$

笔记是思维方式的体现。正如爱迪生的笔记一样，科学的笔记格式可以帮助我们整理庞杂的信息，化繁为简，加工、分析信息，重新编码和组织信息。它还可以帮助我们进行逻辑思考，做出判断，从线索中提取信息，得出结论，产生灵感。通过正确有效的笔记方法，我们的学习、工作和生活将大有改变。

第三个益处：提升效率和生产力

爱迪生通过笔记本列出待办清单，高效完成多项任务；奥运选手使用笔记规划时间，提升效率。笔记有助于我们厘清思路，让学习和工作更有条理。

我们可以通过康奈尔笔记法做计划，规划任务，并将任务拆分成小而具体的步骤，摆脱拖延并提高生产力。

第四个益处：帮助输出，产生灵感

无论我们学习什么，学习方式如何，最终的目的都是输出。

无论在考场上流畅地写出答案，还是在工作中自如地做报告，抑或是用学到的信息提升技能，改善生活。

学习的目的是将知识应用于实践。商业奇才布兰森、画家达·芬奇，都靠做笔记完成了从输入到输出的过程，他们通过做笔记抓住灵感，迸发出无限的创造力，实现了卓越的成就。

康奈尔笔记法第一步：笔记栏

我们已经了解到，康奈尔笔记将一个页面分为 3 个区域：笔记栏、线索栏和总结栏，如图 2-2 所示。接下来，我们看一看如何使用这 3 个区域。

· 一页康奈尔笔记，被分为3个区域：笔记栏、线索栏和总结栏。
· 它们各司其职，分工明确，有着完全不同的用法和意义。

图 2-2　康奈尔笔记的 3 个区域

笔记栏是什么

笔记栏是页面右侧的区域，如图 2-3 所示。作为笔记的主体内容，用于记录课堂上老师讲的知识、黑板上的板书，或者阅读、讲座、网课里学习到的内容，以及工作中的主要事项。

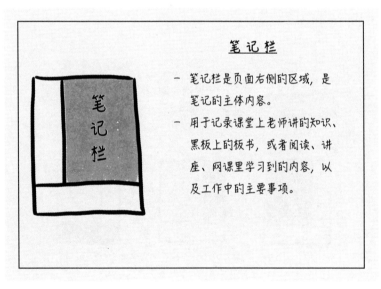

图 2-3　笔记栏

笔记栏怎么用

- 在第一行写下课程名称、章节、日期、会议名称、标题等，方便后期查阅。

- 有选择地记录。筛选出重要信息，有选择地记录要点和考点，而不是什么都写。

- "三不要"。不要原封不动地抄；不要一字不落地记下老师讲的每句话；不要只做笔记不听讲。

- 要用自己的话表述笔记的内容，复述后写出来。

- 做到简洁明了。应该用短句记录，笔记是浓缩的课本。我们可以把笔记整理成考前的复习资料，有了它就不需要再翻阅课本了。

- 分点记录，灵活运用缩写、符号、小标题，采用缩进方式使笔记更整洁。

- 每一页记录一个主题。

在第 9 章，我们会详细介绍关于做笔记的各种实用技巧。

学习中的一大误区是，以为"看过了 = 记住了"，以为"记住了 = 学会了"，但实际上并非如此。这只是给我们带来了一种"我学会了"的错觉，而我们并没有真正理解。过一段时间，我们会发现明明看过的内容却记不住，总会遇到觉得在哪看过这个信息，但就是想不起来的情况。这会让我们在学习、听课、看书时很容易走马观花，像蜻蜓点水一样浮于表面，并没有真正理解知识。

在做笔记时，我们必须用自己的语言表达。只有复述，才能发现哪些部分我们已经理解了，哪些部分还没有完全理解。这个过程才是学习，才能把课本上的知识内化为自己的知识。

康奈尔笔记法第二步：线索栏

线索栏是什么

线索栏是笔记页中左侧这一块长条的部分，在完成笔记的主体内容后才会用到，如图 2-4 所示。

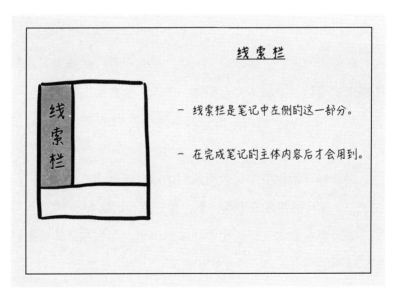

图 2-4　线索栏

线索栏写什么

- 将右侧的笔记内容提炼成一个个小问题，写在线索栏中。
- 像一个"提问系统"。设想，如果你是一位出题老师，要把右侧的笔记内容汇总成几个考试题目，你会怎么写？
- 例如，"××历史事件的形成有哪些原因？""如何解释××物理原理，并举例说明？"

在传统的做笔记场景中，记录完课堂内容后就结束了，但是康奈尔笔记法增加了线索栏这一步骤，这有助于我们进一步加工学习的知识。线索栏的存在有助于我们加深理解和加强记忆。

当我们开始思考用什么问题归纳这一段笔记时，我们就站在了一个更高的角度去理解知识，像一位"出题人"。

如果把右侧的笔记栏比作课本的内容，那么左侧的线索栏类似于书的索引。通过建立知识框架，让笔记更加系统。

线索栏怎么用

- 在课后复习时填写线索栏，用于梳理笔记内容。在整理的过程中，我们可以清楚地知道自己哪些地方还没有完全掌握。
- 使用疑问句，而不是陈述句。注意，线索栏中列出的"问题"，不是你没有理解的地方，而是把右侧的笔记内容总结成一个个"题目"。
- 我们应当在课后立刻补充线索栏。

线索栏不是关键词栏

　　线索栏不应被当作关键词栏。到了后期复习的阶段，线索栏的一个作用是，即使不看右侧的笔记内容，通过快速浏览左侧列出的问题，我们也能很明确地了解这一页笔记包含了什么内容。在考前复习时，线索栏能帮助我们快速定位重点，明确知识脉络，节约时间，如图 2-5 所示。

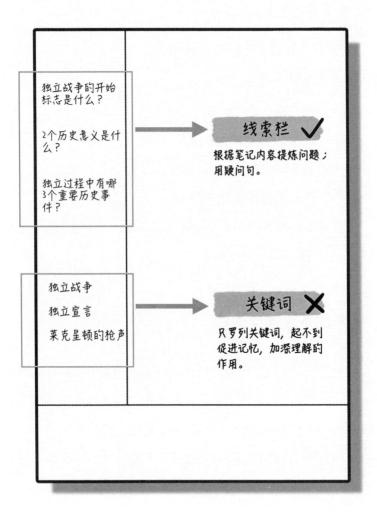

图 2-5　线索栏和关键词

如果写得太过简单，或者只简单罗列出与笔记相关的关键词，那么是起不到促进记忆的作用的。而且，这样做也无法加深自己对笔记的理解。

比如笔记中关于独立战争的内容，线索栏应该写：

"独立战争的开始标志是什么""2 个历史意义是什么？""独立过程中有哪 3 个重要历史事件？"（√）；

而不是简单地写成"独立战争""独立宣言""莱克星顿的枪声"（×）。

康奈尔笔记法第三步：总结栏

总结栏是什么

总结栏位于笔记页面的底部，用于对写完的笔记栏和线索栏进行总结。它简要地总结了这一页的内容，是笔记的摘要和概括。记录总结栏通常是做笔记的最后一步。总结栏的格式如图 2-6 所示。

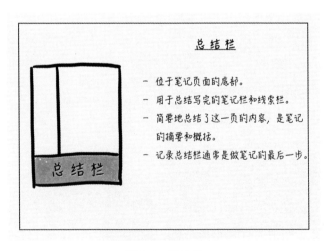

图 2-6　总结栏

总结栏怎么用

- 在使用总结栏时，我们可以将这一页笔记内容概括成几句话。
- 在总结笔记时，我们可以问自己："我从这节课中学到了什么？""如何用 3 句话概括本章内容？"

这一部分是最具挑战的，也是最容易偷懒的一个环节。归纳总结并不容易，我们需要系统地浏览笔记，积极动脑并找出要点，提炼出大段文字的核心观点，并用自己的语言，十分简练地将其写在总结栏内。

然而，这个动作非常锻炼学习能力。相信我，每天在完成笔记后进行总结，坚持一段时间，你会发现自己的逻辑能力和答题能力都上了一个台阶！这对学习和日常生活都十分有益。

有时候，知识点像毛线球一样盘根错节、杂乱无章。总结的过程是一个主动思考的过程，帮我们把零碎的知识形成网络，分层次地梳理成脉络清晰的知识框架。从细节到整体地思考学习内容，可以帮助我们加深对知识的理解。

这个归纳的过程也是自我检验的过程。当我们再回看知识点时，如果发现有的地方总结不出来或卡壳了，说明我们可能没有完全理解这部分内容，需要深入学习。

无论总结一段话还是一个章节，用自己的话概括都是一个吸收知识和消化知识的过程。

什么时候写总结栏

总结栏应在完成笔记栏和线索栏的内容后进行归纳整理。不要拖得太久，最好在一堂课结束后立刻进行总结。

在下一节课开始前，快速回顾上一节课的总结栏内容，温故而知新，有助于我们更好地衔接每个章节的内容。

我们通过一个例子来看看如何使用康奈尔笔记法。如图 2-7 所示，我们将第 1 章中介绍康奈尔笔记法的内容，通过 3 个区域整理了出来。

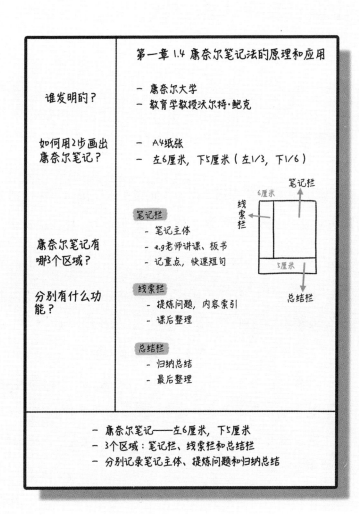

图 2-7　康奈尔笔记法示例

用笔记改变认知方式

康奈尔笔记的线索栏和总结栏比传统笔记多了两个步骤，这是其精华所在。

普通的笔记记录完就结束了，而康奈尔笔记通过3个部分的模块完成了多重功能：加工信息、促进记忆、找到逻辑和总结归纳，如图2-8所示。

- 笔记栏：帮我们更清晰、快捷地做笔记。在上课或阅读时，一边学一边写下重点，比单纯地"听""读"更有助于记忆。——写下笔记，帮助记忆。

- 线索栏：向自己提问，保持主动思考，充分调动大脑。这一步比简单记住更深了一层，进一步加工、分析信息，提升笔记的利用效率。——提炼问题，帮助思考、加工信息。

- 总结栏：归纳总结学到的内容，从细节到整体，建立大局观，帮助我们有效地整理要点。——总结要点，吸收知识。

通过改变做笔记的方式，我们扭转了认知和思维模式，从而改变了自己的行为。当我们的行为发生改变时，我们的人生也将发生改变。

所以，改变做笔记的方式，从现在开始！

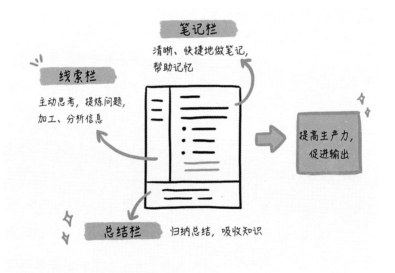

图 2-8　康奈尔笔记的功能总结

如何选择笔记本

- 用 A4 或 B5 大小的笔记本。

    大的笔记本，页面更大，一页或两页可以记录整章的内容，更紧凑、更连贯。而 A5 或 A6 的笔记本页面太小，一章的内容往往需要记好几页，容易打断思路。

- 用方格本、点阵本或空白本。

    方格本、点阵本或空白本，更易于画出笔记格式、图表等，发挥空间更大。相比之下，横线本的横线距离固定，不便根据内容变换格式。当然，如果你的书写不太整齐，横线本也是一个不错的选择。

- 用线圈本或活页本。

    线圈本可以平摊，对折更灵活；活页本可以根据使用情况调整页面顺序，还可以随时加页补充内容，如图 2-9 所示。

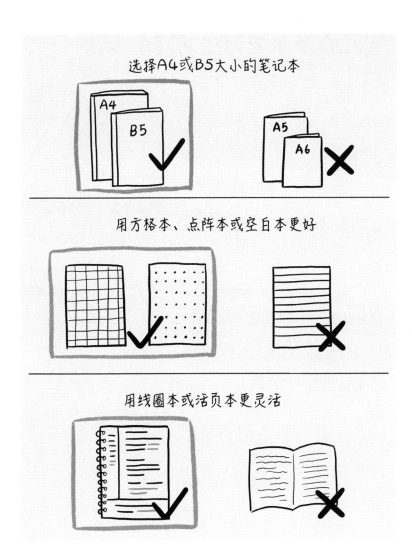

图 2-9　选择正确的笔记本

实践康奈尔笔记法的四个步骤

请问做笔记的最佳时机是什么？

A. 课堂上　B. 下课后　C. 第二天

给出你的答案吧！

答案是 B. 下课后！是不是有些出乎意料，你或许认为应该在课堂上做笔记或者边读书边做笔记。

做笔记的最佳时机

实际上，做笔记的最佳时机是下课后，而不是课堂上。上课的首要任务是确保自己跟着老师的讲课节奏，先听懂，而不是急于把老师说的话都记下来。

上课时，你可以适当记录一些重点和考点，快速记录即可。

如图 2-10 所示，左边的课堂笔记试图记下老师讲的每一句话、黑板上的每一个字。虽然笔记记了很多，但只是忙着书写，没有完全听讲。在这种情况下，在课后你会发现明明老师讲过的内容却不了解，还要花大量时间自己学习。

图 2-10　抄板书式笔记和要点笔记

相反，右边的要点笔记，只是零星记录课堂中的重点和要点，如老师提到的考点、拓展的知识、总结的规律，等等。课堂上，让大脑先听懂，先理解知识，然后才是做笔记。

下课后，我们应该针对课堂上的重点对笔记进行补充。这时，我们要回忆整堂课的内容，将知识点、课本上的内容及老师的讲解完整系统地整理成笔记，这有助于加深理解和记忆。

补充笔记的最佳时机应当是课后，并且一定要在当天完成。这时我们的记忆最鲜活，还保留着对课堂上大部分内容的记忆。在这时进行笔记整理是最高效的，还能二次加深记忆。如果隔几天再整理笔记，你会发现很多地方都想不起来了，这样就得不到巩固知识的效果。

因此，下课后马上整理笔记相当于即刻复习，最为有效。

做笔记的步骤

只有按照正确的步骤做笔记才能发挥笔记的最大作用。

第1步，理解

在上课时或阅读中，我们首先要确保听懂、看懂内容，理解是做好笔记的前提。我们可以在笔记栏或课本上记录重点，但不要大篇幅做笔记。（在之后的内容中，我们将详细介绍如何做好课堂笔记。）

🗐 第 2 步，记笔记

在课后或阅读完成后，我们要立刻回忆复习本节课的内容，并在康奈尔笔记中的笔记栏将笔记补充完整。要尽早补充，最好不要超过当天。

🗐 第 3 步，提炼问题

课后，我们应根据笔记完成线索栏的内容，将右侧笔记的要点提炼成一个个问题。

🗐 第 4 步，总结

完成了笔记栏、线索栏的内容后，我们要认真思考，将整页的笔记归纳为总结栏的内容。

做笔记的步骤：

理解→记笔记→提炼问题→总结

康奈尔笔记的使用步骤如图 2-11 所示。

第1步：
- 上课时或阅读中，先听懂、看懂；
- 在笔记栏或课本上记录重点；
- 不要大篇幅做笔记。

第2步：
- 课后或阅读完成后，立刻回忆本节课内容；
- 在笔记栏补充完整；
- 要尽早完成，最好不要超过当天。

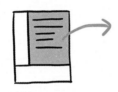

第3步：
- 继续完成线索栏的内容；
- 将右侧笔记的要点提炼成一个个问题。

第4步：
- 最后认真思考，将整页笔记归纳为总结栏的内容。

图 2-11　康奈尔笔记的使用步骤

第 3 章

提升专注力

集中注意力困难

📋 视频时长的变化

近年来，学者们在有关选举的新闻节目中发现了一个有趣的现象。

媒体报道总统选举节目时，关于候选人连续演讲的镜头时长发生着微妙的变化：

在 1968 年，候选人连续演讲的镜头时长超过 40 秒；

到了 20 世纪 80 年代末，这类镜头时长减少到低于 10 秒；

到了 2000 年，镜头只有七八秒。

也就是说，新闻中关于同一个镜头的播放时间越来越短，不断切换镜头的频率越来越高。

40 年前，人们在电视上可以看到同一个人连续演讲的画面长达半分钟，但现在，我们只能看到几秒钟，之后，电视画面会不断地在演讲人和其他场景中切换，也许只展示演讲人几秒，镜头就会转到人群，然后又跳转到场地全景，等等。

如果你觉得自己越来越难以集中注意力，其实并不是你一个人会这样！几年前，社交媒体上的主流视频都是中长视频，即时长为 5 ~ 10 分钟，甚至更长。

但如今，恐怕很难让你看完一条 10 分钟的视频！现在的社交媒体是短视频的天下，1 分钟、2 分钟，甚至更短的视频才受欢迎。

这个世界发生了什么？

难道媒体是始作俑者，其发布的内容时长逐年变短，导致了人们注意力不足？还是人们自身注意力逐渐降低，导致媒体为适应观众喜好而将内容时长变得越来越短？

▌"注意力缺失综合征"

注意力不足似乎成了现代社会上的一种流行病。现代人的生活中充斥着各种各样让人分心的元素，做不完的杂事、狂轰滥炸的媒体新闻、不断弹出的手机提醒。

我们能够集中注意力的时间似乎越来越短，注意力已经变成了一种稀缺资源。短视频的流行或许能说明这一现象。短视频通过快速切换的画面、各种各样的音效、夸张的特效吸引着人们的注意力。

现代人沉迷社交媒体的一个原因，是它的展现形式。

快速变换的镜头、博眼球的剧情、快节奏的背景音乐及各种各样的音效，牢牢地抓住了我们的注意力。这些短视频制作者深知我们什么时候要走神了，于是运用各种视频制作和剪辑技巧，让我们目不转睛地盯着屏幕。各大平台还通过各种算法，不断推荐符合我们"口味"的内容，把我们的注意力牢牢控制在它们的手中。

在浏览社交媒体时，我们的大脑就像一个走在流水线上的机器人，不需要思考，不需要变通，只要目光呆滞地跟着机器的传送带行走就可以。

大家不妨试试，每天结束前查看一下自己在社交媒体上的观看记录，你一定会惊讶于自己竟然看了这么多内容，而且肯定想不起来大部分的内容具体是什么！

注意力本身有限

餐厅服务员的超群记忆

很多餐厅服务员有着惊人的记忆力。他们能够在给一桌顾客点完单后，清晰地记得这桌点了哪些菜，哪些菜还没有上齐。但是，一旦这桌的所有菜都上齐，顾客用餐结束，服务员就会瞬间忘掉刚才这桌顾客点的菜。为什么服务员会从什么都记得住，变成瞬间遗忘？

这就是著名的"蔡格尼克记忆效应"。对服务员来说，一桌的菜还未上齐，就是一项未完成的任务，未完成的任务会占据大脑的容量，干扰注意力，一直等到这项任务被完成，大脑才会认定这项任务已经结束，于是在记忆中抹除这件事的相关信息。

大脑的注意力本身有限

未完成的任务会一直存在于大脑中，占据我们的注意力。

由于人的注意力有限，当我们要同时处理多项事务时，我们的注意力就会被分散，导致无法专注于每项任务。

当代人很喜欢进行"多任务工作"，即同时处理多项任务，这看似高效，但结果却恰恰相反。我们习惯上班时同时完成几项任务，习惯一边学习一边回信息，一边吃饭一边看视频。多任务工作不仅不会节约时间，还会导致效率低下。

当我们同时处理多项任务时，我们并没有真的"同时"在做两件事，我们只是在不同任务间跳来跳去。每次切换任务时，都会消耗掉更多的注意力。因此，我们的精神是很难集中的。而且，当我们再次回到刚才做的那项任务时，我们要"重新介入"，要花更多的精力才能再次集中精神。

举个例子，当你在写作业时，手机响了，如果你拿起手机回复消息，就相当于开启了一项新的任务，这就消耗了一部分注意力。当你再回到写作业的状态时，相当于又开启了另一项新任务，因为你无法无缝衔接地从刚结束的地方开始，而是需要重新进入状态，甚至又从头开始思考这项作业，所以你又消耗了一部分注意力。

同时做两件事 = 把两件事做了 $2+N$ 遍 = 做了 N 件事。

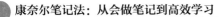

解决方法其实很简单，**一次只做一件事**。每次只专注一项任务，把时间划分成不同的时间段，一个时间段集中处理一项事务。把一件事做完了，再开始做另一件事。

如何提升专注力

很多成功人士在被问及成功的秘诀是什么时，他们给出了同样的答案：专注。

从苹果公司联合创始人乔布斯到投资大师巴菲特，他们无一例外地都提到：专注是成功最重要的品质之一。

什么是专注力

专注是指当你在做一件事时，将全部精力和思维都集中到这件事上，并能够长时间地集中注意力。

如果将注意力比喻成一条河流，当你完全投入任务并专注时，就像一片树叶顺着溪水，自然而然地往前漂流，轻松自如地一路向前。你会进行深度思考，你的大脑会飞速运转。一旦进入这种工作状态，你做起事情会越来越有动力。相反，如果注意力涣散，无法集中，就像一颗沉入水底的石子，需要外部的力量推动才能前进，这会让你费力又不情愿。

积极心理学的奠基人之一米哈里·契克森米哈赖（Mihaly Csikszentmihalyi）将这种专心投入的状态称为"心流"。当你进入心流的状态时，会将精神高度集中于某项活动上，有种"身心合一"的感觉。我们都曾有过这样的体验，可能在全神贯注地看一本书，或者非常投入地玩游戏，心无旁骛，甚至听不见身边的人喊我们。当我们完全沉浸在正在做的事情中时，大脑会积极地思考，我们会感到充实和兴奋。进入心流的状态让我们更加专注，效率更高。

那么，有什么技巧可以帮助我们集中注意力？

如何提升专注力

提升专注力并不难，我们只需要简单记住两个方面：

一是增强内部力量，也就是提高我们的内驱力；

二是减少外部环境的干扰。

通过内外结合，相信你也可以成为专注学习和工作的高手。

图 3-1 展示了提升专注力的主要内容。

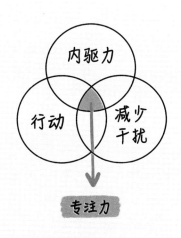

图 3-1　提升专注力

以下罗列了 13 个技巧，可以帮我们从学习、生活和时间管理等多个方面提升专注力。你可以把这份清单打印出来，张贴在书桌旁边。每当你无法集中注意力时，就来逐一尝试这些方法吧！

提升专注力方法一：增强内驱力

● **找到学习的意义和目标。** 问问自己为什么要努力学习？成绩提高后会给我们的生活和未来带来怎样的改变？找到内部动机，看到自己的进步，会让我们学得越来越主动。

- 制订计划，找到掌控感。先尝试为本周制订一个计划，要预习哪些课程，复习哪些内容，把它们一一罗列出来，然后像升级打怪一样去完成。

提升专注力方法二：行动起来

- 将要完成的事写下来。如果我们的脑海里要同时记住很多事情，比如课上老师讲的一个重点、工作中领导的要求，以及周末和朋友逛街的计划，这些待完成的任务都占据着我们的注意力。

  把计划的任务写下来并制定解决方法和安排具体完成时间，把知识记在对应的笔记本上，这相当于告诉大脑，这件事已经得到了妥善的安排，相当于"完成"了，于是就腾出了更多空间，可以让我们在完成当下的任务时更加专注。所以，写下来是给大脑减负，为大脑释放空间。

- 在课堂上，边听边做笔记可以帮助我们主动思考。在后面的小节中，我们会详细讲解如何通过做笔记提高课堂效率。

● 番茄钟工作法。一个番茄钟的时间包括 25 分钟的工作
时间和 5 分钟的休息时间。在工作时间内，不要做与
任务无关的事情，这样安排可以增加紧迫感，提升专
注力。

提升专注力方法三：减少外界干扰

● 在学习时，应将手机调整为静音模式，或者直接把手
机放到另一个房间。我们可以找一个固定时间统一回
复消息，而不是时刻都在回复消息。

● 关掉手机应用软件的通知功能。手机的提示信息会干
扰我们，看似只是短暂地吸引了我们一秒钟的注意力，
但这些时不时出现的信息就像一把大砍刀，把大段的
时间切碎，让我们总是被打断。只保留最重要的 APP
通知功能（如电话、微信），关闭其他应用程序的提示
功能和订阅通知等，我们会发现世界都变得清静了。

● 家中房间分区。在家里设立一个专门的学习区域，在
这个空间里不要放置与学习无关的物品，只能摆放和
学习有关的物品；在这个空间里只能学习，不能做其
他事，不要在这个区域内玩手机或刷视频。如果想休
息一会儿，我们就要离开这个空间。这样能帮我们养

成一种习惯，一旦进入这个区域，就能快速进入学习状态。

● 在安静不被打扰的环境中学习。这个环境可以是自习室或图书馆。

提升专注力方法四：养成良好的生活习惯

● 保证充足的睡眠。亿万富翁和奥运选手都强调了一个重要的习惯，那就是保证充足的睡眠。马斯克就说过，如果他每天睡眠不足 6 小时，第二天就会难以集中精力。如果你在课堂上总是昏昏欲睡，做作业总是走神，可能是缺乏睡眠的表现。每天保证充足的睡眠，在固定时间入睡和起床。在睡觉前一个小时不要看手机或电子设备，因为屏幕的光线会刺激大脑，让大脑一直处于兴奋的状态，即使困了你也不想睡。

● 有氧运动。每天进行 20 ~ 30 分钟的有氧运动，也可以让精力更旺盛。

● 饮食上要少糖，少精制加工食品，这些食物会让你越吃越困！多吃天然食物、优质碳水。

方法再多用了才有效，今天就选其中一种方法试试吧！

上课不走神的 6 个技巧

在课堂上，走神、犯困、注意力不集中及不想听课成了学生的普遍问题。

如何做到上课不走神，专注听讲呢？我们介绍 6 个技巧。

保持端正的坐姿

将身体坐在椅子的 1/3 处，保持背部挺直，不要靠在椅背上。现在试一下，把肩膀打开，向下压，胸口指向前方，头微微向后靠，感受腹部收紧，找耳朵远离肩膀的感觉，你现在就是一个标准的"抬头挺胸姿势"，像一名芭蕾舞者。

当我们采用这个姿势时，我们会发觉自己眼神都变得炯炯有神，也打起了精神。相反，如果我们尝试采用懒散的坐姿，靠在椅背上，弯腰驼背，腹部放松，是不是突然觉得自己很懒散，有点疲惫？

我们的姿态会影响我们的心态，当我们拿出认真有力的姿态时，我们的状态也会提升，相反，如果我们摆出一副懒散的姿态，自然也提不起精神。

预习

课前的预习可以很大程度上解决课上走神和跟不上的问题。我们要在前一天晚上，快速浏览第二天课程的内容，不需要花太多时间，重点关注以下内容：下一节课会涉及几项主要内容？有什么地方我没看明白？下一节课的内容和上一节课有什么联系？

在预习时，把自己的问题写在课本对应的段落旁，带着问题听讲可以帮我们集中精力。

跟着老师的思路走

上课时，一定要紧紧跟随老师讲课的节奏。以下几种方法可以帮助你。

比老师走得快一步。 当老师讲解时，一边听老师当前讲的内容，一边思考老师接下来会说什么。就像弹钢琴一样，弹着这一句的音符，眼睛就要开始看下一句，这样手指才能提前找到下一个音符的琴键。这种方法可以使大脑时刻保持跟老师一样的节奏。

例如，当老师在讲解一道习题时，老师每讲一步，我们就要看着这一步，思考下一步是什么。这样我们会发现，无论知不知道怎么做，想对了还是想错了，我们都在主动思考，在看到答案后会理解得更加深刻。

主动思考

另一种主动思考的方法，就是听讲时不断地问自己"为什么"。每当老师讲到主要知识时，我们就要在脑海里问自己"为什么这样用""为什么重要"等，让我们的大脑从被动的听课变成积极的互动。

培养兴趣

对一门课不感兴趣、觉得无聊也是走神的原因。每一门学科都有它的魅力，都有着庞大的知识背景和体系。在周末或假期，如果观看学科相对应的纪录片和电影，我们会发现这些看似枯燥的知识，都是人类智慧的结晶。

▎往前排坐

　　大学生或研究生的课堂上往往没有固定的座位安排，请一定要往前排坐。这样，我们看得和听得更清楚，距离老师更近，不容易走神。

课堂笔记怎么做

> · 提升课堂注意力的另一种方法，就是做笔记。
> · 听课时边听边写，有助于增强专注力。

但是，还记得第 1 章中提到的低效笔记吗？如果做不对笔记，只会起到适得其反的效果！

课堂笔记"5 个不要"

● 不要照抄老师的板书和课件。

● 不要试图一字不落地写下老师说的话。

● 不要用手机给板书或课件拍照，因为下课后你根本不会看。写下来，而不是拍照！

● 不要过分追求版式美观；不要试图在课上写出完整的笔记。

● 最重要的一点是：不要只顾着做笔记，而忽略听讲。先听懂，再做笔记。

先听懂，再做笔记。（ √ ）

不要忙着做笔记，忘了听讲。（ × ）

好了，现在开始，让我们抛弃以上无用的方式，使用真正对自己有帮助的笔记方法吧！

课堂笔记写什么

- 在课程开始前，花 5 ~ 10 分钟时间回顾上一节课的笔记。这项工作可以在前一天晚上完成，或者在当天一早完成。这可以帮助我们更好地衔接两节课的知识，对课上即将讲的内容做好预期。

- 要判断课堂上哪些内容是重点，哪些内容无关紧要。然后快速记录重点和要点，不要什么都记；而且不要等老师提醒了这是重点才记，你需要自己思考这个知识是否重要。

- 遇到没听懂的、没跟上的和不会的地方，做个标记，继续听，不要停下。课后找时间弄明白。不要因为一个问题开始延伸思考，这会让我们跟不上老师讲的其他内容。

- 记录老师讲到的例子，这在课后复习时有助于我们回忆对应的内容。

用笔记法保持专注

现在，我们已经学会了如何运用康奈尔笔记格式，以及如何在课堂上做笔记。我们对于如何做笔记越来越清晰了！

掌握了正确的做笔记步骤，可以让我们时刻保持专注。

📋 第 1 步，听懂、读懂

在上课或读书时，先以听懂、读懂为前提。集中精力听明白老师讲的内容和读到的内容才是最重要的。

📋 第 2 步，记录重点

在康奈尔笔记格式的右侧笔记栏中写下课堂上的板书、老师讲的重点难点和列举的例子，只记录重点和要点。我们要做到以下几点。

（1）快速记录

● 在记录时，我们要使用短小而精练的句子，不要试图写出完整、语法完全正确的句子。做笔记是帮助我们记忆和加深理解，而不是把课本上的句子再抄一遍。

比如原文为：

"根据记忆过程中内容保持的时间长短，可划分为瞬时记忆、短时记忆和长时记忆。"

写成短句就是：

"记忆——保持时长：瞬时、短时、长时。"

● 学会用缩写、符号和小标题等，加快做笔记的速度。

（2）注意排版

● 明确知识点之间的逻辑，做到条理清晰。我们可以使用数字编码，如大标题用大写数字"一、二、三、"，小标题用阿拉伯数字"1.2.3."，知识点用"①②③"。

● 做课堂笔记要多留白。在每个知识点后面都留一些空白行，以方便课后补充其他内容。段与段之间、不同的内容之间都要留白。宁愿多留白，也不要少留。课后，再把每个段落需要补充的知识写在留白处。

● 每一页只记录同一章节的内容，新的章节要另起一页。

● 在第一行写下章节、对应课本的页码和日期等，方便日后复习和查找。

（3）其他技巧

● 如果课后再用笔记本整理笔记，可以在课上先把笔记记在课本或讲义上，等到课后再将本节课的笔记整理到本子上。

● 我们也可以使用扩张贴、便利贴临时记录相关知识，等下课了再将其整理到本子上。

图 3-2 展示了记录重点的笔记技巧。

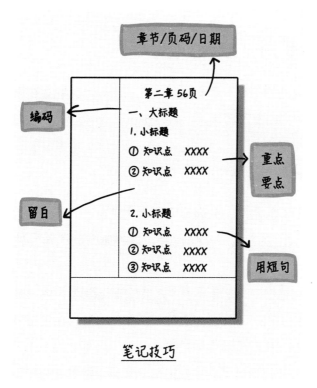

图 3-2　记录重点的笔记技巧

🗐 第3步，课后补充

在课程结束后或阅读完成后，我们应回顾本章节内容，在笔记栏将笔记补充完整。

补充完笔记的主体内容后，我们可以用康奈尔笔记格式左侧的线索栏，将笔记提炼成一个个问题。最后，将本页内容进行归纳总结，写在康奈尔笔记格式下方的总结栏中。

🗐 第4步，定时复习笔记

整理完的笔记一定要定时拿出来复习。我们会在第5章中详细介绍如何复习功课。

🗐 第5步，输出

我们只有将笔记的内容完全内化成自己的知识，才能顺利完成测试、在考试中流畅作答、卓越地完成工作，进而取得高分！

做完笔记，只是完成了"万里长征"的第一步。做完笔记，如果我们不看、不完善，就等于白做！如何通过笔记复习、备考、应对工作和生活中的挑战才是重中之重。接下来，我们将继续探索如何通过笔记提升记忆、培养逻辑思维和增强时间管理能力等。

第 4 章

让记忆力倍增

记忆天才是怎么炼成的

📑 卡内基梅隆大学的记忆天才

安德斯·艾利克森是一位来自瑞典的心理学家，他曾进行过一项记忆实验，这个实验让他见证了一位记忆天才的崛起。

实验内容是心理学家会在每秒随机念出一个数字，参与实验的人（即被试）需要连续记住这些数字。比如，

心理学家念出"3"，被试需要记住"3"。

接着，心理学家念出"6"，

被试需要记住"3"和"6"。

心理学家继续说出新的随机数字，

被试需要试着记住所有已说过的数字。

以此类推。

通常情况下，一个记忆水平正常的人可以连续记住7±2个数字，即5～9个。这种情况被一名来自卡内基梅隆大学的学生打破了。

刚开始，这名学生并没有什么特别之处，他像大多数人一样能记住连续读出的 7 个数字，比如"3—5—0—1—7—4—9"，再累加新的数字就会出错。

但经过不断的练习，他逐渐可以记住 40 个数字，这不仅超过了普通人的水平，甚至比那些专门研究记忆技巧的人，记住的还要多！

接下来，更不可思议的事情发生了。随着心理学家和这名学生的不断练习，学生逐渐能够记住 82 个数字！完全成了一位"记忆天才"。

世界记忆冠军

如果想找到更多的记忆天才，没有什么地方比世界记忆力锦标赛更合适的了。这是全球最高级别的脑力大赛，云集了各国的记忆高手，他们经过激烈的角逐，一决高下。

来自中国的吴天胜在 2007 年夺得总冠军，成了知名的"世界记忆大师"。他还在随后参加的一档脑力综艺节目中，凭借高超的记忆力成功挑战了指纹识人。

那么，这名大学生是通过什么方法，从刚开始只能够记住

7 个数字到可以连续记住 82 个数字的呢？吴天胜又是通过什么秘诀鏖战群雄，成为世界记忆冠军的呢？

记忆高手的秘密

接下来，我们也尝试做一组记忆测试。

请你花 5 秒钟，试着记住下面这 11 个无规律数字，

1—3—0—1—9—8—7—1—2—0—6

好的，现在请你盖住上面的数字。

请问你能记得几个？

前文提到，大部分人能记住 5 ~ 9 个数字。这就是短时记忆。

短时记忆

短时记忆是指我们看过一些信息后，能记住的内容十分有限。一般只能记住 7±2 个记忆单位。并且记忆持续的时间也非常短，往往不超过一分钟，过一会儿就想不起来了。

现在，我们来做另一个测试。

请你回想一下你的身份证号码。

为什么身份证号码明明有 18 位，我们却能准确无误地记住，而且不会忘记呢？

答案就是长时记忆。长时记忆是记忆中的"王牌选手"。能记住 82 个数字的大学生、记忆冠军吴天胜都依靠长时记忆实现"过目不忘"。

长时记忆

长时记忆是指能记住一分钟以上内容的记忆。当我们对信息进行加工后，能将其记住很长时间，可以是几个月、几年，甚至终生。而且，长时记忆的容量是无限的。例如，小时候我们印象深刻的一次出行、一张面孔，老师在课堂上讲解的一个知识，我们可以记住一辈子。

短时记忆和长时记忆在信息容量上区别巨大。在保存时长上，短时记忆像一张便利贴一样用完就会被扔掉，而长时记忆则像保存在硬盘里的内容被长久存储在大脑中，随时可以被调取，如图 4-1 所示。

	短时记忆	长时记忆
容量	7±2个	无限
时长	小于1分钟	几个月、几年、永久
保存	像便利贴 用完就扔	像硬盘 长久存储

图 4-1 短时记忆和长时记忆

长时记忆造就高手

"天才""高手"和"学霸"这些佼佼者之所以与普通人有区别，正是因为他们在长时记忆中存储了大量的相关知识，从而做到了考试得高分、表现卓越。脑力冠军因为运用了长时记忆，所以能比常人多记住几倍甚至几十倍的内容。

为什么很多学生明明背过课本上的知识，但是一到考场上就忘了？因为没有把知识完全存在长时记忆中，所以要么想不起来，要么想起来也是只言片语。

我们只有将知识从短时记忆转化为长时记忆，才能让这个知识永久存储在大脑中，在需要的时候随时调取，达到做题一看就会，考试一考就对。那么，如何把知识存储到长时记忆中呢？

过目不忘的秘诀一：记忆组块

还记得我们刚刚做的第一个测试吗？要记住以下这串无规律的数字：

1—3—0—1—9—8—7—1—2—0—6

大部分人拿到这一组数字时会不断地在心里默念，这种方法是很难记住的！但是，只需换一种形式，你就能轻松记住。

把这 11 个数字打包成几个集合，如下所示：

130 | 1987 | 12 | 06

这样，11 个数字就被分成了 4 个小组。然后，我们对每一组数字进行联想。

130——可以联想到弟弟的身高，

1987——是某个亲戚的出生年份，

12——正好是最后一组数字 06 的两倍大。

> 因此，当我们再回忆这串数字时，可以联想到：
> 弟弟的身高｜亲戚的出生年份｜12｜12 的一半。

现在，请再次回忆这 11 个数字，是不是很容易就能记住了？

记忆技巧 1：组块

首先，我们来聊聊记忆技巧之一：组块（chunking）。这是由美国心理学家乔治·米勒（George Miller）提出的理论。

组块是指对信息进行加工处理，将一个个零散的信息打包成有意义的集合，从而帮助人们加深理解、提升记忆和有效输出。

组块可以是任何形式，比如：在阅读一篇文章时，通过理解其内容，将全文总结为 5 个要点，每个要点就是一个组块；或者，将刚才记忆的一串数字拆分为 130—1987—12—06，即分成了 4 个组块。

组块是一个把信息从短时记忆转化为长时记忆的技巧。本章一开始提到的卡内基梅隆大学的学生，他就是通过组块的技巧让自己从记住 7 个数字一直到记住 82 个数字。比如，当他听到 9、0、7 这 3 个数字时，他会在心里联想到 9 分 07 秒。这样，他就把随机数字转化为一个他熟知的时长信息。通过将 3 个数字打包成了 1 个组块，这样的心理构建帮助他把短时记忆进阶成了长时记忆。

图 4-2 展示了组块对信息进行加工的过程。

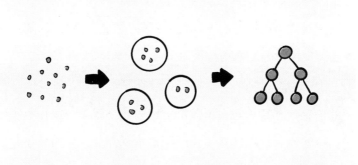

图 4-2　组块对信息进行加工的过程

当然，这名大学生并非一开始就知道这种方法。在测试中，他经过了大量的练习和不断的改进才取得了这样的成果。

过目不忘的秘诀二：赋予意义

记忆冠军吴天胜曾透露他通过将数字和信息转化成图形来加强记忆。许多记忆比赛的冠军也会采用"记忆宫殿"的方法。

记忆宫殿是指在脑海里构建一个虚拟的空间，可以是一座房子或一个场所，然后逐渐完善这座房子和这个场地的地图，地图中有固定的物品和不同的房间等，之后将听到的随机数字与脑海中构建的场景相结合。

由于这座记忆的宫殿已经存储在了长时记忆中，通过将听到的信息与其建立联系，随机出现的数字就被安放在地图上固定的位置，并被存储在了长时记忆中。因此，要回忆出随机出现的数字，只需要调取长时记忆中对应的物品即可。

你可能会对记忆宫殿的方法有畏难情绪。难道以后每准备一个考试，我们都需要在大脑中建一座宫殿？

不用担心，我们需要做的是通过寻找信息的规律和逻辑关系，为信息建立规则并赋予其意义，从而让它们更容易被记住。

让我们再来做一个测试，请试着记住以下 5 组数字，

并背诵出来。

1964，1968，1972，1976，1980

要熟记这些数字是不是有些费力？你需要不断地重复和默背，但也不一定记得住。

如果告诉你，这是连续五届奥运会的举办年份，每一届之间相隔了 4 年。那你只需要在背诵时记住起始年份和每个年份间隔的时间，就能轻松记住这些数字了。

记忆技巧 2：有意义才记得住

因此，当你真正理解信息时，记住就会变得更容易。死记硬背只能让信息短暂停留在短时记忆中，而只有理解了才会存储在长时记忆中。

在复习和背诵时也是同一个道理。将大段的文字拆分成文本组块，然后理解每个组块的内容意义和逻辑关系，这样更便于记忆。

这也是为什么在做笔记时，我们需要将信息内化成自己的语言之后，再整理到本子上。这是一个引导自己理解的过程。

相反，抄板书和抄课本达不到促进理解的效果，唯一的好处就是练字了。

上述记忆技巧能通过科学有效的笔记方法实现，我们也可以做到过目不忘。让我们一起通过笔记挖掘记忆的无限潜力吧！

用笔记释放大脑空间

　　无论记忆天才还是科学家、画家、亿万富翁，和我们一样都会遇到遗忘或想不起来的情况。然而，他们了解记忆的原理，并通过各种技巧进行练习，大幅度提升了记忆力。

　　做笔记就是一个提升记忆力的绝佳方式。通过正确运用笔记技巧，我们可以让大脑记住更多的东西，就像达·芬奇和爱迪生一样，把知识和思考的内容记下来，使笔记本变成我们的知识库和第二大脑，就能做到真正的过目不忘和高效学习。

用笔记解放大脑

　　首先，我们知道记忆是不可靠的，而且大脑的注意力有限。我们每天要接收无数的信息，有太多的正事和琐事需要我们去处理。例如，我们不仅要记住课堂内容，还要记得月底的考试计划、安排生活的杂事及朋友的生日，等等。如果我们试图完全依赖大脑记住所有事情，只会给大脑带来沉重的负担。不但费力，还记不住。

因此，在学习过程中，如果不通过一些方法和技巧，完全依赖大脑记住一切，那是学不好的。相反，我们应该解放大脑，通过学习方法和笔记技巧释放更多的大脑空间，帮我们实现学习和工作目标。做笔记就可以减轻大脑负担，降低记忆的压力。

笔记扩充知识库

第 1 章中提到，做笔记的一个重要作用就是促进记忆。做笔记的当下，是在将信息从短时记忆转化为长时记忆。就像今天早晨你遇到了一位同学，如果当时没有记录任何信息，到了晚上你可能就记不得他当时的穿着和携带的物品。但是，如果你当时快速地为他画一幅肖像，你就通过画笔记录了这位同学的穿着、发型等。无论过了多少天，每当你看到这幅画时都能回忆出当时的场景。

做笔记的过程，就是通过书写这一动作在大脑中加工信息，将知识内化成我们熟悉且能够理解的内容。长时记忆就像一个巨大的知识库，我们把知识存储其中，并在需要的时候提取出来。在做笔记时，我们是在进一步地思考和分析信息，相当于把一个"陌生人"变成一位"熟人"，将其融入我们知识库的大家庭，并与已有的其他知识建立联系。因此，下次再遇到这个知识，我们就认识它了！

▌笔记帮助理解

大脑倾向于记住我们认为有意义的内容。理解是记住的前提，比如对于多年前班里的同学，我们可能只记得和我们关系好的人的名字，其他人的名字早就忘记了。因此，只有对我们重要的信息，我们才记得住。

世界上从来不存在所谓的"笨学生"或"聪明学生"，只是看谁找到了更科学、高效的学习方法。而这些技巧将帮我们释放身体里的能量，我们会发现学习从来都不是一件难事。

提升记忆力的笔记方法

接下来的 4 个笔记方法，可以帮助我们在复习和阅读时梳理文章的脉络，赋予信息意义，并促进理解和深入思考。

为了更好地记住这 4 种方法，我们借鉴了大侦探福尔摩斯在破案时用到的推理思路来解决背诵时记不住的问题！这 4 种方法分别如下：

（1）还原来龙去脉；

（2）找到内部联系；

（3）找到关键线索；

（4）反复回顾。

提升记忆力的笔记方法一：还原来龙去脉

美国一家著名的工程公司 C.F. 布劳恩，专门设计石油和化学加工设备。这家公司的老板 C.F. 布劳恩总能使公司高效运转。他遵循了一个著名的"5W 原则"，即在公司沟通工作时必须说明以下问题：谁（Who），何时（When），何地（Where），因为什么原因（Why），做了什么（What）。

这个原则有多重要呢？如果员工在工作中不按照以上原则进行沟通，就会面临被解雇的风险。因为只有明白领导让我们做这件事的原因、涉及的具体时间、地点和人物等因素，我们才能更好地理解这个指令和目的，从而更好地完成这件事，否则就很容易犯错，久而久之，就可能被解雇。

在这个理论的基础上，人们总结出了"5W1H 分析法"。

Who（谁）	涉及的人物是谁？
When（何时）	这件事是什么时候发生的？
Where（何地）	这件事是在哪里发生的？
What（做了什么）	人物做了什么？发生了什么事情？
Why（因为什么原因）	为什么要做这件事？
How（如何做到的）	采用什么方式完成了这件事？使用了什么方法？

通过"5W1H 分析法"来做笔记，我们能更好地加工和理解文章的内容。

比如在图 4-3 中，当我们面对一大段文字内容时，就可以采用这种方法梳理逻辑。经过整理后，是不是更加清晰了？当我们回忆时，从这 6 个方面入手，就不会漏掉任何重要内容了。

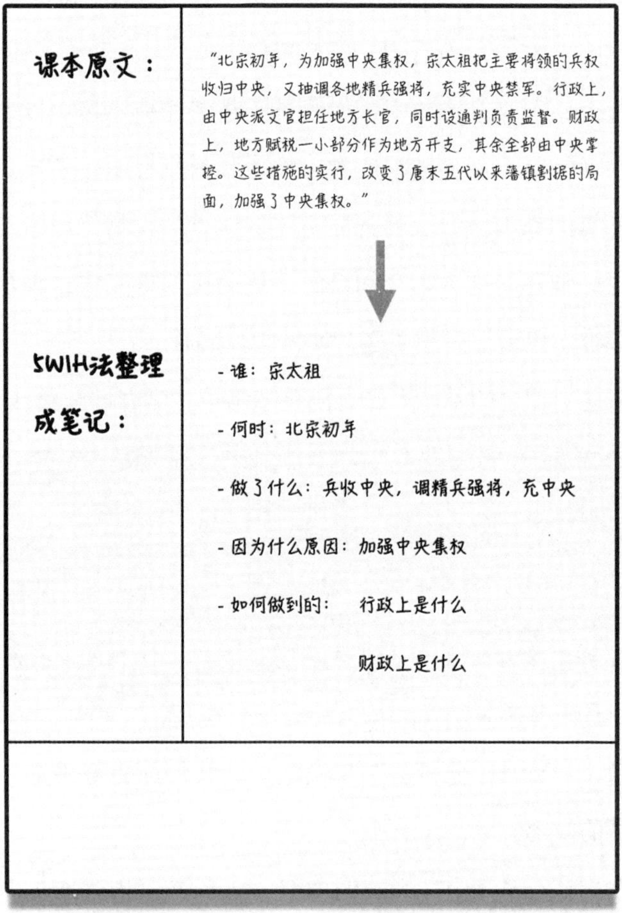

课本原文：

"北宋初年，为加强中央集权，宋太祖把主要将领的兵权收归中央，又抽调各地精兵强将，充实中央禁军。行政上，由中央派文官担任地方长官，同时设通判负责监督。财政上，地方赋税一小部分作为地方开支，其余全部由中央掌控。这些措施的实行，改变了唐末五代以来藩镇割据的局面，加强了中央集权。"

5W1H法整理成笔记：

- 谁：宋太祖

- 何时：北宋初年

- 做了什么：兵收中央，调精兵强将，充中央

- 因为什么原因：加强中央集权

- 如何做到的： 行政上是什么

　　　　　　　　财政上是什么

图 4-3　用 5W1H 分析法整理笔记

提升记忆力的笔记方法二：找到内部联系

无论复习课本、阅读课外读物，还是背诵演讲稿，我们只有找出其中的规律和内在的逻辑，理解透彻了才能记得更牢固。

在整理一段文字的笔记时，我们可以使用康奈尔笔记格式的笔记栏。

首先，将这段话划分为 2 ~ 3 个主要内容，用数字进行编号，使每个小内容条理清晰地呈现出来。

其次，用简练的语言概括出每个要点的内容。这样，每个子内容都是一个组块，就更容易被理解和记忆，如图 4-4 所示。

在整理一个章节时，也是同理。

通过理解和归纳总结，将课本中一个章节的内容划分成 3 ~ 5 个主要内容，每一个内容就是一个组块。分组块地进行记录，能够帮助我们主动思考和加深记忆。

最后，使用康奈尔笔记格式的总结栏归纳总结。

将一页的内容归纳整理成几句话，虽然这一步具有挑战性，但是当我们能够用自己的话复述出来时，我们才是真正理解了，我们才会发现背诵其实很简单。正是这一路上不断面对挑战和克服困难，才会让最后的胜利果实品尝起来更甜美。

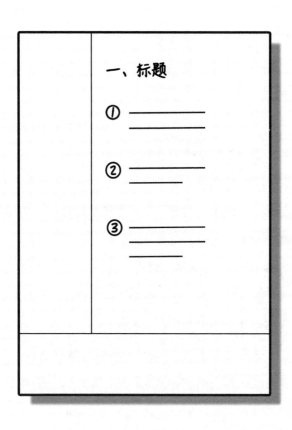

图 4-4　概括要点内容

提升记忆力的笔记方法三：找到关键线索

我们在复习时，背诵一段话或整理一段笔记后，要画下这部分内容中的几个关键字。

就像你在听一首歌时，可能想不起歌名，但只要提醒你歌名的前几个字，你就可以立刻回想起来。所以你并没有遗忘，只是这个信息被埋藏在大脑深处，不容易被提取出来。

因此，为知识和信息建立"线索词"非常重要。线索词可以是这一段话中最关键的信息或最核心的内容，可以是一个概念名称、一个地名或一个人名。总之，当我们在大脑中搜索信息时，只要检索到这些"线索""关键词"，就可以帮助我们跳转到对应的信息。例如，背诵时，一段文字有 5 部分内容，背完后重点记忆这几部分内容对应的 5 个关键词。到了考场上，我们只要回忆起这些关键词，就能提取相应的知识。

在康奈尔笔记中的关键线索：

- 我们在康奈尔笔记的笔记栏中整理完内容后，应重点圈出或画出几个关键词，以备考前快速回顾；

> – 另外，线索栏里的内容也是很好的线索词。回忆时，从这些问题着手，我们就能一步一步联想到该页笔记对应了哪些内容。

通过上述几种方法，我们可以从总体到细节，再从细节到总体地分析信息。

提升记忆力的笔记方法四：反复回顾

著名投资人查理·芒格曾说："重复是教导的核心。"

遗忘是人之常情，提升记忆力的另一个重点就是重复。

整理完的笔记要不断回顾、不断复习。我们都知道在背诵知识时要多背几遍。但实际上，什么时候复习也大有学问。

在下一章中，我们将学习如何高效地进行复习。

第 **5** 章

高效复习

找对方法，才能学得好

练习时长的重要性

在《刻意练习》一书中，作者提到在某一领域中造成杰出的人和普通人差别的原因在于练习的时间长度。那些在某个领域中脱颖而出的人，都是在这个行业中不断练习和学习并花费最多时间的人。

我们可以用这个理论解释为什么有些人成绩总是遥遥领先，大部分的学霸都在学习和复习上面花了更多的时间。在我上中学时，学校里就有这样一个学霸，无论期中考试，还是期末考试，每次都毫无悬念地成为全年级第一名，简直就是"神童"。后来，我们慢慢了解到，每个学期开始前的假期，他都会提前自学新学期的课程。所以，每当到了新学期，别人还在懵懵懂懂地听第一遍时，对这位学霸来说，已经是第二遍，甚至是第三遍的学习了。

有趣的是，有一个暑假，这位学霸没有预习功课，到了下个学期，他就不再是全年级第一名了！

所以，当别人把书复习了三遍甚至五遍时，你只看了一遍，还是磕磕绊绊地看完的，就不要问为什么别人比你成绩高、表现得更优异了。

虽然需要时间，但你不用按照别人的时钟为自己掐表计时。每个人都有自己的时区，都有自己的节奏。慢慢来，不用着急，光明的未来就在前方等着你。

▌找对方法

《刻意练习》一书中提出，除了练习的时长起着关键作用，找对方法也同样重要。如果你一直用不科学、低效的学习方法，那花了多少时间都没用！

所以，方法不对，练得再久，也只是机械重复。找对了方法，再加上不断练习，你一定可以成为你想要的样子。

如何才知道自己是否用对了方法？其实很简单，找到一种学习方法，持续使用一段时间，如果成绩和表现都没有什么变化，那就要立刻调整学习方法，不要困在同一种方法里。就像看电视换台一样，看到不喜欢的，就立刻换一个频道看看，直到发现你想看的节目。

　　发现方向不对后，要立刻掉转船头，不然你只会浪费越来越多的时间。观察身边的学霸和优秀的人在用什么样的方法，或者模仿网络上分享的科学、高效的学习方法。然后继续观察自己的表现，如果对你有效，就继续使用，如果收效甚微，就放弃，直到找到适合你的方法。

　　明白了吗? 不是你学不好，也许是没找对方法。

学习金字塔

决策就是一切。

——纳瓦尔

当你决定采用什么方法学习和工作时，很大程度上将影响你的最终成果。投入大量时间去做是必要的，但前提是你选对了方向。

因此，你要谨慎选择你将要运用的方法，否则你就会像老黄牛拉车一样，只知道低头拉车，不知道抬头看路，直到走到终点才发现走错了。

学习金字塔

实验表明，不同的学习方法带来的结果大相径庭！图 5-1 展示了由美国教育专家埃德加·戴尔提出的"学习金字塔"。

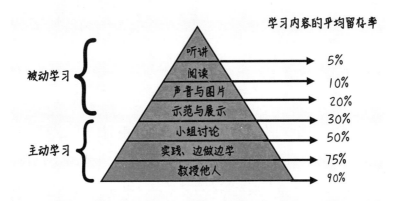

图 5-1　学习金字塔

　　戴尔将 7 种不同的学习方法罗列成了金字塔的形状，说明了学生在分别采用了这 7 种学习方法后，两周后还能记得多少所学知识。

　　金字塔里的 7 种方法，自上往下，学习效果逐渐增强。

　　位于金字塔尖的第一种方法是听讲，两周后学生仅能记住 5% 的知识。

　　第二种方法是阅读，可以保留 10% 的知识。

　　第三种方法是声音与图片，即同时听和看，可保留 20% 的知识。

　　第四种方法是示范与展示，可保留 30% 的知识。

第五种方法是小组讨论，可保留 50% 的知识。

第六种方法是通过实践、边做边学，可保留 75% 的知识。

第七种方法是教授他人，可保留 90% 的知识。

这颠覆了我们的传统认知，我们平时用得最多的学习方法竟然是最低效的！戴尔指出前 4 种学习方法，即听讲、阅读、听和看，以及示范与展示都是被动学习，相当于将知识硬塞到我们的脑子里，随着时间的推移，到最后所剩无几。

但是，小组讨论，实践、边做边学和教授他人的方法则是主动学习，这些方法能保留 50% 以上的知识。尤其是教授他人，竟然可以让知识的留存率达到 90%！

费曼学习法

理查德·费曼是一位著名的物理学家，曾获得诺贝尔物理学奖。他独特的学习方法被广为称颂，被人们称为费曼学习法。很多知名的学者、作家和成功人士都是费曼学习法的拥护者。

他的学习方法就是"学习金字塔"中最高效的那一种方法——教授他人。

费曼学习法的核心是"以教促学"。如果让你把学到的知识讲给一个完全没听过的人，你会怎么讲？

费曼学习法4个步骤

- 第一步，确定学习目标。
- 在纸上写下要学习的内容和概念，然后自己组织
- 语言去理解这个知识，并对必要的内容进行补充。

第二步，教授他人。

不看刚才写好的内容，把自己当作老师，想象对面坐的就是你的学生，你要给他讲解你的知识。你该怎么讲？

这一步是费曼学习法的核心。当你在讲解时，想象一下你的学生是 8 岁的孩子和 80 岁的老人。如果你讲得过于复杂，他们会听不懂；如果你讲得太枯燥，他们可能会失去兴趣。你还需要避免用一个专业术语去解释另一个专业术语。

当你开口讲时，如果发现哪里讲不明白了，这就是你没有真正理解的地方。

第三步，复习。

在刚才教学的过程中，如果有讲不明白的或者不理解的地方，就要再回到知识本身，继续学习。每次讲解后，如果遇到不会的地方，就要再次学习，循环往复。

很多时候，你错误地以为自己学会了，但当真正需要讲出来时，你会发现遗漏的部分，而这些部分恰巧是你需要弥补的地方。

　　第四步，简化。

　　最后，用更简练的语言描述这个知识，不使用专业术语，不用复杂的理论，简化，再简化。

　　经过这一系列的操作，这个知识就牢牢地刻在你的脑海中了。

学好数学如此简单

数学让很多人闻风丧胆，甚至有人为了不学数学而放弃某些大学专业！

然而，一旦我们明白了数学的底层逻辑，我们就会发现数学其实很简单。而且，学好数学不仅能培养我们的逻辑思考能力和分析能力，还能让我们收获成就感，何乐而不为呢！

数学的逻辑

数学这门学科具有严密的逻辑性，可证真伪，非常严谨，这是它的与众不同之处，没有模棱两可的答案。

什么叫作可证真伪？在数学中，一个说法要么是对的，要么是错的，一个问题要么能解出来，要么解不出来。数学可以通过科学方式证明其对错，这就是可证真伪。

> 解决数学问题的方法就是一步一步地推导，一步
> 一步地得出结果，这个思维非常重要。

培养数学思维是解决问题的基础。拥有了数学思维的人，在面对任务和问题时，不再东一块西一块，无从下手，而是变得具体明确，思考"具体的下一步"该怎么做。

为了学好数学，我们可以采用费曼学习法，核心是：先自己学明白，再给别人讲明白。

学好数学的 4 个技巧

（1）要学好数学的定理、公式和概念。这些都是基础知识，我们在上课时要认真听讲，跟着老师的思路走。仔细听老师的解题思路，注意老师提到的重点和难点。遇到听不懂的地方就做个标记，下课后及时搞明白。

需要避免的误区是上课不要只顾着记笔记。对于数学这门课，理解比抄下来更重要。上课记一些老师讲的重点做辅助即可，切记不要沉迷于整理笔记。

（2）要培养独立运用理论的能力。知道什么题用什么知

识很关键，很多人败在了这一步，这一步才是在检验你有没有真的学会。在这个阶段，就可以采用费曼学习法。当你在讲解某个数学问题时，如果哪里说不清楚了，就说明对于这部分内容你没有完全理解，如果你能给别人讲明白，就说明你是真的懂了。

（3）要多做题。一定要多做练习题并且在考完试后整理错题。每学完一部分知识，你就应当马上做对应的练习题；每次考完试后，也要及时整理错题。切忌一上来就刷综合题，那样没有意义。

前面提到，数学的解题思路是一步一步得出结论。对照答案时，看你是在哪一步卡住的，然后好好复习这一步对应的定理和公式。如果从读题就不会做了，那说明第二步的使用能力有所欠缺了，还未掌握应用技巧。这一步，你依然可以采用费曼学习法，对着一道数学题，讲解你是如何一步步作答的，每一步为什么这么做，使用了哪些原理。

（4）要熟练。要做到看到题干就知道考什么，答题时知道哪里是得分点，哪里是陷阱。这就需要你反复练习做过的题和考过的试卷，彻底搞明白，不要盲目追求做新题，如果不是经典题，做了也没太大帮助。

老师的重要性

对数学学习而言，优秀的老师尤为重要。真正出色的老师能通过课堂的讲解和引导，让学生花更少的时间，学得更好。《心灵鸡汤》一书的作者杰克·坎菲尔就提到，老师在他完成作品的过程中非常重要。

优秀的老师具备以下几个特点。

①帮助学生打好基础。

②懂得如何进行指导。讲解同一道题目，优秀的老师讲得更清晰、明确，能预测学生可能犯错的地方，并提前做出预判。另外，优秀的老师还能识别出学生不正确的解题思路。

③根据学生情况及时提出反馈意见，帮助改进。

④让学生更好地运用知识，帮助学生建立良好的学习习惯。

数学考试技巧

● 合理安排考试的时间，分配填空题、选择题和解答题的时间，要为后面的大题和最后的检查留出充足的时间。

● 考试时，遇到不会的题不要死磕到底，先跳过去做其他题，有时间再回来做。

● 遇到不会的题也不要空着，填个常见的答案，万一答对了呢。

● 阅读题目时，要一边读一边画出重点信息，防止遗漏。

● 一定要留出检查的时间。检查的时候，有的题不用重新做，把答案套进去检查会更快，或者换一种方法检验。

● 用草稿纸的时候，可以从中间将一页纸一分为二，或者一分为四。这样做有助于我们整齐书写，检查的时候能够看得很清晰，节约时间。让我们不会因为写得太乱而失分。

SQ3R 笔记复习法

恭喜你！现在，你不仅学会了世界公认的科学笔记方法，还对记忆天才背后的秘密了如指掌。这为我们后面的高效学习、工作并取得卓越成就打下了坚实的基础。

接下来，我们要了解如何回顾笔记，以及如何利用笔记复习，这样才能发挥笔记的真正作用！

以下的方法也许与你之前用的方法大有不同，也许你在初次尝试时会遇到一些挑战。但是，你和你的目标之间只有一个词，那就是行动。

你→行动→你的目标

只要你勇于尝试，敢于改变，愿意跳出舒适区，你就将一步步走向更光明的未来。人生的道路会越来越广阔。

▍SQ3R 学习法

SQ3R 学习法是由美国大学教授弗朗西斯·P. 罗宾森提出的，它可以帮助我们高效阅读，共分为 5 个步骤，如图 5-2 所示。

- 浏览（Survey）：拿到一本书后快速浏览目录、摘要、小标题等。这一步的目的是对整本书有一个大致了解，清楚全书的逻辑框架，有助于我们对接下来要看到的内容有所预期。这一步通常在 5 分钟内完成。

- 提问（Question）：在阅读每章和每个小标题时，先对自己发问，主动思考这一章会讲哪些内容。自问自答有助于我们主动思考每个部分的核心观点和中心思想。这一步通常在 1 分钟内完成。

- 阅读（Read）：开始阅读，详细阅读每个部分的内容、图表、例子等，带着刚才明确的逻辑框架和问题将内容逐渐填充进去。

- 背诵（Recite）：看完一部分内容，试着用自己的话复述出来，做到简洁明了。如果遇到卡壳的地方，说明我们并没有完全理解，要再返回对应的内容进行反复学习。

● 复习（Review）：温故而知新，我们可以在当天结束时或第二天进行巩固复习。

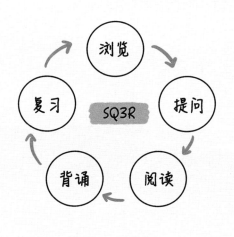

图 5-2　SQ3R 学习法的 5 个步骤

用 SQ3R 复习康奈尔笔记

在复习康奈尔笔记时，我们可以采用 SQ3R 学习法的 5 个步骤。

📄 第一步，浏览线索栏 + 总结栏

用一张纸盖住右侧笔记栏的内容，快速浏览笔记左侧的线索栏和下方的总结栏，了解这一页笔记的内容和大致框架。

📄 第二步，试着提出问题

例如，这部分会讲什么？

涉及哪几个方面？

作者的目的是什么？

然后尝试自问自答，看看自己能回答出多少。这一步有助于激发自己主动思考，调动学习兴趣。

📄 第三步，阅读笔记栏

深度、仔细地阅读右侧的笔记栏，结合刚才提出的问题，将笔记的内容填充到刚才的问题和框架中。

📄 第四步，背诵

再次用白纸盖住右侧笔记栏的内容，开始背诵。看着左侧线索栏中的问题逐个进行回答。回答时用自己的话复述出来，

你能否回忆出刚才阅读的内容？可以在白纸上写下要点和思路。

　　然后下拉白纸，对照笔记的内容，检查自己的回答是否正确和全面。

　　对于想不起来的地方或理解不透彻的部分，我们要再次对笔记栏的内容进行学习，然后反复背诵，直至完全记住。

📃 第五步，定期复习笔记的内容

我们要经常且定期地复习笔记的内容，温故而知新。

让效率翻倍的复习方法

通过高效学习方法，结合笔记技巧，可以让复习效率翻倍！

边看边写

在复习课本和笔记时，我们要边学边写。做到手眼脑并用，可以像上述的 SQ3R 学习法一样，每看完一段内容后，就用一张白纸盖住，然后试着写下要点。这样就能检测自己是否真的记住了知识。

笔记技巧 1：浓缩版的课本

做笔记的目的之一就是在考试前不需要再翻课本，只需要阅读笔记即可复习。因此，我们的笔记本应该是课本的浓缩版本，不仅含有课本、讲义、课堂上的主要内容，还包含重点、考点，是知识的精华汇总。

在复习时，我们一定不想看到一本乱糟糟、找不到重点的笔记。所以，我们在整理笔记时，要假设自己在为未来的自己整理一本一眼就能看明白的精华手册。

输入方式十分重要

我们在处理大部分信息时，都遵循了图 5-3 所示的原则。

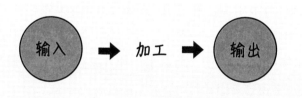

图 5-3　处理信息的原则

在课上听讲或阅读都是在做输入，我们通过不同的输入方式对信息进行加工，从而理解和记住信息。然后，我们可以根据需要运用这些知识，这就是输出。例如，做题、参加考试或向别人讲解。

认知科学家可约可夫妇发现了一个颠覆以往观念的现象：输入的难易程度与输出的结果呈负相关。

也就是说，如果你用简单的方式输入这个知识，等你需要提取它时就会很困难。相反，输入知识的方式比较困难时，等需要提取时就会更容易。

因此，你输入知识的方式非常重要！

例如，在课堂上机械地照抄老师的板书，你以为这样省时省力。但抄这个动作太过简单了，大脑并没有思考。如果课后问你老师讲的是什么，大概率你也不记得了。这是因为输入内容的方式太简单了，当需要回忆时，提取信息就变得很困难。

相反，如果你在输入知识时用看似费力的方法，那么提取时就会很容易。比如，在课堂上跟着老师的思路走，听明白后，在晚自习整理和补充课堂笔记，这时你需要根据回忆及课本上的知识将笔记补充完整。听起来这种方法有些困难，但当考试时，你就能更容易回忆起对应的知识点。

考试的题目不会像课本上的知识一样按照顺序一一出现，也不会直接告诉你想考查的是什么。考试是将不同的知识点揉在一起，变着花样地考查你是否真的理解了，有些选项还会涉及偷换概念、障眼法等，如果没有完全理解透彻，你就很容易掉进陷阱。

笔记技巧 2：以结果为导向

康奈尔笔记法的总结栏就是一种很好的输入方

式，在复习中发挥着至关重要的作用。总结栏提炼了一页笔记的核心内容。日常进行总结这一过程就是在培养我们的逻辑思考、归纳总结的能力。

　　如果每天学习完，我们都能花几分钟总结一下今天学的内容，等到了考场上，我们会发现答题越来越得心应手，解题思路会越来越清晰。过不了多久，我们会发现在考试时遇到什么题都不怕了。

主动学习，锻炼大脑

　　《富爸爸穷爸爸》一书中提到，"你的大脑是世界上最强大的计算机。"

　　找到正确的运作方式，我们可以让大脑发挥无限的潜力。学的东西越多，大脑就会越灵活，等到再学新的东西时，就会学得更快，逐渐形成一个良性循环。

　　相反，长久的被动思考，甚至不思考，会让我们的大脑处于"休眠"的状态。就像一台计算机，太久不用了，连开机都需要花很长时间！

做笔记可以帮助我们主动思考。记录的过程就是我们在大脑中对知识进行加工和处理，将书上别人的话内化成自己的话，这是对大脑的一种锻炼，如图 5-4 所示。

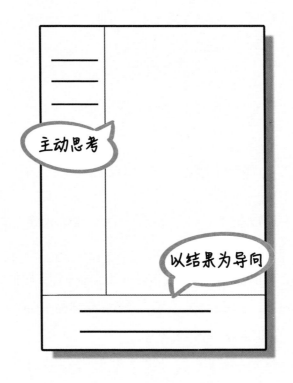

图 5-4　做笔记有益于思考

笔记技巧 3：总结核心句

　　在整理笔记时，我们要善于总结每一段、每一部分内容的核心句。这些句子往往在原文中每一段的开头或结尾。

　　在整理康奈尔笔记的线索栏时，我们要把自己想象成出题老师，如果要用右边笔记里的理论和知识点出一道题目，这个题目会是什么？

遗忘曲线和最佳复习时间

我们都会遗忘，这是人之常情，但你知道遗忘也遵循了一种规律吗？

艾宾浩斯遗忘曲线

在探讨为什么会遗忘时，我们有必要了解一下大名鼎鼎的"艾宾浩斯遗忘曲线"。德国的心理学家艾宾浩斯发现，在我们的记忆中，遗忘是按照一定规律发生的，并不是匀速遗忘。刚开始时，忘得最快，随着时间的推移，遗忘速度逐渐变慢。

如图 5-5 所示，刚刚学习的知识过了 20 分钟，我们还记得约 58%。再过 1 小时后，这个知识只剩下 44% 了。也就是说，只是过了一会儿，我们就忘记了将近一大半的内容！

我们的遗忘速度是先快后慢，刚开始最容易忘记，随着时间变化，速度逐渐放缓。过了一天后，我们还能记得约 1/3 的内容，一周后，对这个知识的记忆还剩下 1/4 左右。

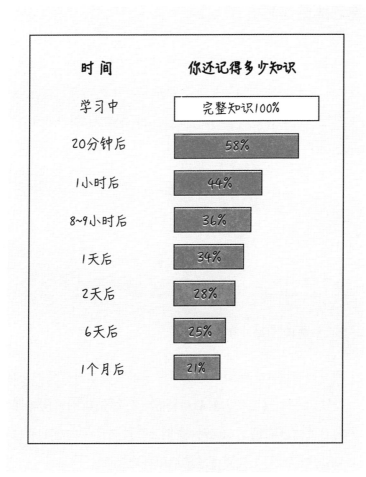

图 5-5　艾宾浩斯遗忘曲线

所以，如果我们对学习过的内容不再复习，遗忘就是必然发生的。

复习的最佳时机

网络上有许多针对"艾宾浩斯遗忘曲线"的学习计划表，指导人们在学习完成的第几天要开始复习什么内容。如果你觉得过于复杂，不好操作，不妨试试以下几个复习的好时机。

- 一堂课刚结束的时候。
- 一天结束的时候。
- 一个章节结束的时候。
- 一周结束的时候。

一堂课刚结束的时候

刚上完一堂课，我们的大脑里还保留着课堂上鲜活的记忆，千万别错过这个复习的大好时机。花几分钟快速浏览刚才课堂上的内容，这就对抗了 20 分钟我们会忘掉一小半内容的遗忘规律。趁着这个时间，我们可以把笔记补充完整。

一天结束的时候

晚上睡觉前，花一点时间把今天学过的内容快速复习一遍。

我们会发现，自己对这些知识又有了更深刻的理解，这也有助于第二天的学习。

📑 一个章节结束的时候

每当学习完一个章节，我们就要把这一个章节的内容复习一遍。我们会发现不同内容之间的关联，从而形成知识框架。

📑 一周结束的时候

结束了一周的学习，别忘了找个时间把本周学的内容复习一遍。这同时是一个继续完善笔记的好机会。

突击式笔记和"小步快跑"式笔记

突击式笔记：如果我们在做了笔记后不看，只在考试前才临时抱佛脚，这样就很难发挥笔记的作用。而且，时间过了这么久，笔记上的内容已经基本被忘光了，相当于我们从头学一遍，又要花费大量时间记忆。平时偷的懒，总要找个时间一一偿还。

"小步快跑"式笔记：有一种方法看似有点累，却是省时省力的。就是在每天下课后花 15 分钟快速回顾笔记，然后在每周结束后再花 15 分钟浏览一下这一周的笔记内容。这种方法可以让我们一直持续复习和巩固知识，让对知识的记忆从短时记忆逐步转变为长时记忆，深深地扎根在脑海中。

因此，不要等过了很久才找一个时间集中"后补"笔记，而是要每天花 15 分钟整理和复习笔记，如图 5-6 所示。

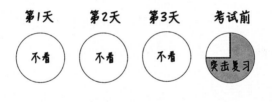

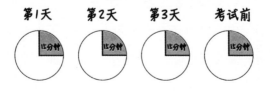

图 5-6　突击式笔记和"小步快跑"式笔记

第 6 章

考试高分的秘诀

备战大考的 5 个步骤

如果你能像上一章中所讲的那样，在日常的学习中按部就班地补充和复习笔记，到了考试前，将为自己节省大量时间。

复习笔记比复习课本更高效，因为你的笔记本就是课本的浓缩精华，是一本"轻薄版"的课本。上面包含了课本要点、老师提到的考点及你的思考，等等。你只要对着笔记本就可以开展考前复习了！

接下来的内容，将通过 5 个步骤手把手教你考前复习和备战考试。当然，如果你平时没来得及做笔记，也不要紧。文中也会给出解决方法。

这 5 个步骤分别是浏览→粗背→精背→思维导图→乱序背诵。

第一步，浏览

在开始复习时，你要先快速浏览康奈尔笔记中的线索栏和总结栏。线索栏是笔记内容的提炼，涉及一页笔记包含了几个内容；总结栏是本页笔记的归纳总结。

这相当于快速过一遍即将要复习的内容，做到心中有数，主要了解这门课包含了哪些板块，每个板块有哪些主要内容、细节及重点。

如果平时没来得及做笔记，你可以快速回顾课本的目录、大标题、小标题和文中的粗体字等。

这一步就像是在做拼图游戏前，你需要知道整张图片是什么样子，了解每个部分有哪些明显的图形和颜色，为后续的拼图打下良好的基础。

▌第二步，粗背

在这一步，你可以开始通读笔记，全篇回顾笔记栏的内容，进行粗略的背诵。随着时间的推移，之前学过的内容很多记不清了，这一步就是帮你找回那些遗失的知识，像播种种子一样，先将它们浅浅地种在大脑中，形成印象。

这是将笔记越读越薄的过程。在复习的时候，你可以画出重点，做一些标记，也可以简化笔记。如果遇到看不懂或不理解的地方，就要回归课本和讲义，把它搞清楚。

如果平时没有整理笔记，这一步就要花费一些时间。尽量一边复习教材，一边将相关知识整理成康奈尔笔记。但是，要视考前时间而定，如果距离考试的时间不多了，那你就要取舍是否还要做笔记。看！平时做好笔记，真的会为考前复习节省很多时间！

第三步，精背

现在开始进行深度背诵。看着笔记栏里的内容，一边背一边复述。背诵完一部分后，就用一张白纸盖住笔记栏，看着线索栏中的问题，用自己的话逐一复述出来。也可以在白纸上写下答案的要点，然后拉下白纸，对照笔记内容。这一步就是在检测你的答案是否正确及是否有遗漏。

在背诵的时候，你可以参考第 4 章中讲到的记忆方法。

你可以重复上述的步骤，继续背诵，然后对照线索栏里的问题进行回忆，之后再回到笔记栏进行对照。先背诵笔记栏的内容，然后通过线索栏进行检测，循环往复，直到非常清晰地完全记住为止。

如果没有笔记，你可以阅读课本的内容，然后进行背诵，之后对照目录和小标题进行自我检测。

▌第四步，思维导图

完成背诵后，要整理知识内容的框架。你可以将每一章内容整理成一页的思维导图。思维导图相当于这一章的大纲，即核心信息图，包含了主标题、副标题、小知识点、关键概念等。这像一张大网把零散的知识打包到了一起，并且清晰地列出每个内容之间的层级关系。

你可以把思维导图看作一个拼图指南，这个指南里写明了这幅拼图有几个板块，有多少个主要色系，第一步拼哪里，第二步拼哪里，等等。

思维导图可以帮助你建立知识点的框架，从而更好地记忆。当然，这一步非常锻炼逻辑能力和归纳能力。我们将在下一小节学习思维导图的画法。

▌第五步，乱序背诵

最后，根据距离考试的时间将笔记能背诵几遍是几遍。不要从笔记的第一页开始看，而是从自己学得较差的那一章开始看。

背诵时，对照着思维导图，首先通过自己的回忆将知识点按照顺序一个个复述出来，遇到记不住或记得不清晰的就要回归笔记里对应的内容，反复背诵，直至完全记住。

经历过泛背、精背，你对相关知识已经非常熟悉，这一步通过不断巩固，让你对知识的掌握由熟悉变成精通，做到一看到知识点就能立刻反应出涉及的内容和考点。

图 6-1 展示了备考的 5 个步骤。

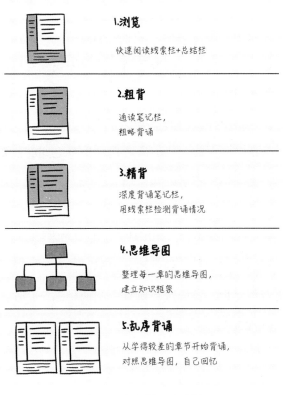

图 6-1　备考的 5 个步骤

让成绩飙升的背书法一：思维导图

思维导图

在计算机里存储文件时，我们往往会建立不同的文件夹，分门别类地存放。这样在调取资料时，只需找到对应的文件夹或者搜索关键词即可。

但是，大脑中存放的信息可没有那么整齐，往往东一个西一个，天马行空。因此，我们需要建立信息之间的联系，构建一个框架，把课本中零散的知识填充进去，这相当于在大脑中分门别类地建立文件夹，帮我们增强记忆。

构建思维导图就是建立知识体系，搭建知识点之间的联系，像一幅思维的地图，使大脑里的知识形成信息图。关于思维导图的画法有很多种，我们这里重点介绍两种画法：发散式画法和组织架构图画法。

发散式画法

在笔记本一页的正中央写出各章大标题，然后向周围延伸出副标题。比如，某一章涉及 5 个副标题，也就是 5 项大内容，分散写到周围；每个副标题下又包含了哪些小知识，继续延伸到对应的副标题周围；如果小知识下依然含有子知识，就继续写在小知识点旁，如图 6-2 所示。

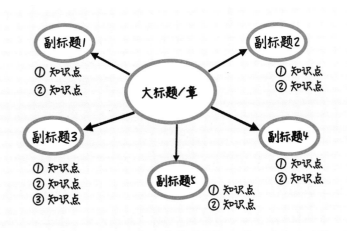

图 6-2　发散式思维导图

组织架构图画法

组织架构图画法的本质没变，依然是建立每个知识点的联系和层级关系，用大括号把一个层级的知识框起来，如图 6-3 所示。

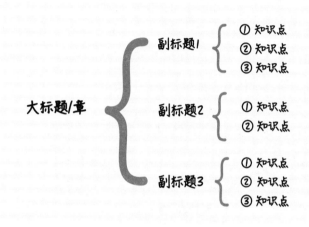

图 6-3　组织架构图

思维导图可以清晰地勾画出每个内容之间的层级关系，让每章里面包含了哪些内容一目了然；其建立了信息间的联系，可以帮助我们记忆，让我们不容易遗漏知识点。每当出现新知识时，我们还可以将它和大脑中已有的知识建立关联。

不要从第 1 章开始背

在刚开始复习时，我们的大脑比较清醒，但越看到后面我们的精力越不足，越看不进去。因此，如果每次都从第 1 章开始看，我们会发现总在复习已经学会的内容，遇到较难的部分，总是会卡住。

> 背书时不要按照顺序来，要把课本的内容分为三个部分：
>
> 学得较差的章节——即刻复习；
>
> 学得一般的章节——稍后复习；
>
> 学得较好的章节——最后复习。

我们在每次复习时，要从学得较差的部分开始看，从弱项抓起。等到把学得较差的章节全部复习完了，再看学得一般的章节，最后复习学得较好的章节。这样可以确保我们把时间花在了查漏补缺，不会到后面没时间复习那些真正需要复习的内容。

即使在背诵一段话的时候，也要遵循这个原则。背过一遍后，不要再从第一句开始，而是从没记住的地方开始背，不然我们就会总在重复背诵已经会的内容。每次背完，我们都要再从最不熟悉的或者卡壳的地方开始背，刻意地反复练习不会的地方。

让成绩飙升的背书法二：双重编码

图文双重编码

我们的大脑分为左脑和右脑，这两个板块各司其职，有着不同的功能。

左脑：主要负责处理语言和文字，做出逻辑分析和判断，我们概括地将其称为"文字脑"。

右脑：负责处理图像和声音，产生创意和抽象思维，我们概括地将其称为"图像脑"。

心理学家帕维奥（Paivio）提出了"双重编码理论"，即在处理和存储信息时，我们会用到两个编码系统：一个系统是通过语言和文字存储信息；另一个系统是通过图像和画面来存储信息。

刚才提到的大脑的两个半球，左脑"文字脑"和右脑"图像脑"，也就对应了"双重编码理论"的两个系统。无论我们需要在复习时输入知识，还是考试时输出知识，都要经过这两个系统。

也就是说，我们阅读文字时，就是通过文字系统将知识存入大脑，查看图片时就是通过图像系统将其存入大脑。

　　　　"双重编码理论"提出，在背诵和记忆知识时，如果我们可以同时运用这两个系统，既通过文字，又通过图片，那就同时调动了大脑的左右区域，对信息进行了双重加工，这样就能记得更加牢固。

　　当我们需要调取信息时，比如在考试作答时，我们就可以同时调动左右脑为自己服务，搜索对应的知识点。因此，我们在背书时不要忽视教材中的插图，图像加文字的形式可以让记忆更加深刻。

　　做笔记时，我们要善于图文结合，有时一段内容，用文字表达出来会很复杂，换成图片后就会简单许多；也可以使用不同的颜色，这同样可以帮助记忆。

图表对比法

　　　　曾有一组实验，要求对比两种不同流派的画：A流派的画和B流派的画。实验人员将被试分为两组，第一组被试只能轮流观察两种流派的画，即看完A流派的画之后，再看B流派的画。

第二组被试要同时观察两种流派的画作，即同时看 A 流派的画和 B 流派的画。

最后，让两组被试辨别这两种不同流派的画。实验结果表明，第二组被试更快地学会了如何区分不同的流派。

在学习时，通过寻找知识的异同点，进行对比，能更好地促进我们理解和加深记忆。

因此，我们在背书时，可以将相似或同类型的知识和信息进行对比，找出它们的差异点和相同点，这样更容易记忆，如图 6-4 所示。

对比	知识点A	知识点B
定义	XXXX	XXXX
年代、影响	XXXX	XXXX
……	XXXX	XXXX

图 6-4　用表格对比知识

让成绩飙升的背书法三：睡眠背书法

睡眠背书法

想要背书背得好，我们必须要睡好。睡眠对记忆起着关键的作用。

睡觉时，大脑在做什么？

睡眠有 5 个不同的阶段，从刚开始睡着的入睡期到浅睡期，再到熟睡期和深睡期，以及快速眼动期。整个晚上，我们都在睡眠中不断循环这 5 个阶段，如图 6-5 所示。

每个阶段都对学习起到辅助作用，而且作用各不相同。

刚入睡时，大脑开始巩固记忆。

然后来到浅睡期，这个阶段帮助提升运动记忆，比如白天学到的体育动作，音乐课上学到的乐器演奏技巧等。

第三阶段的熟睡期和第四阶段的深睡期帮助延长记忆，比如今天看到的数据、公式和日期等，让我们记住信息的时间更长。

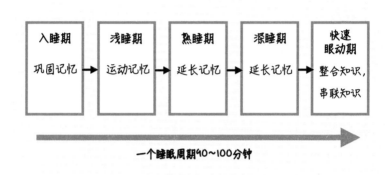

图 6-5　睡眠对记忆的作用

　　到了快速眼动期，大脑开始整合一天中学到的知识，把知识串联到一起。一夜当中人们通常会有 4 ~ 5 次的快速眼动睡眠阶段，每次持续 20 ~ 30 分钟。

　　可以看出，睡眠对学习主要有两个作用：

　　（1）巩固记忆，即存储并标记重要的记忆；

　　（2）整合知识，即回顾这一天的信息，进行组合和串联。

所以，我们要保持充足的睡眠，并且保证睡眠的这 5 个阶段的周期完整。这样大脑才有时间回顾今天收集到的信息，并且存储重要的内容，之后再把知识进行重塑和连接，进而增强对前一天所学内容的理解和记忆。

针对睡眠对学习的作用，我们可以采用睡眠学习法。

第一步，在睡觉前，对当天学习的知识进行复习。

第二步，躺在床上，从头到尾回忆一遍刚才学习的内容。遇到想不起来的也不要紧，继续回忆。这样，当我们入睡后，这些知识会继续在大脑中被加工，进行巩固和整合，有利于加深记忆。

总体来说，我们需要先记住知识的关键点，然后才能借助睡眠把这些要点拼凑起来，形成一幅大脑的认知图。

第三步，第二天一早起床后，我们要趁热打铁，赶紧把昨天睡觉前学的内容再巩固一遍，这样这些知识就被牢牢地"焊"在了我们的脑海里。

小技巧：情绪饱满背书法

康奈尔笔记法的发明者鲍克教授在他的书中介绍了一个背书奇招，我称之为"情绪饱满背书法"，就是当你在看课本复习时不要只是把文字过一遍，而是要在脑海中情绪饱满地默念出来，用你能想象到的最夸张的语调、最饱满的情绪，像喜剧演员一样抑扬顿挫地念出这些句子。

这么一念，是不是念出了不一样的感觉？是不是记得更深刻、看得更投入了？课本也没那么枯燥了。刚开始，你可以先试着读出声来，等熟练了再开始默念。

现在不妨就试一试，用饱满和夸张的语气把上面的这一段文字在心里默念出来吧！

再好的学习方法，只有当你实践了，才有效果。在尝试新方法的时候，不妨将自己过去所用的学习方法与之对比，深刻思考一下"当初的你"为什么这样学，旧方法与新方法之间有什么不同。只有加以运用，你才能找到适合自己的学习方法。

在下一次学习时，就从上述的方法中选择一种实践吧！

学霸备考计划表：目标、任务清单和考前规划

"不做计划的人，就等于在计划失败。"

面对像考试这样的大任务，我们需要提前做规划，并安排考前的时间。备考计划表就可以帮我们完成这项任务。

备考计划表包含 3 个部分。

- 目标：为自己制定一个总体考试目标，以及各个学科理想的目标。

- 任务清单：列出考试前需要复习的内容，明确任务量。

- 考前规划：将计划落到实处，根据考试时间，把任务安排在日历上。每天完成规定任务，追踪完成情况，并进行每日反思。

我们要对备考计划表从整体到细节进行规划，通过拆分任务，把行动落实到每月、每周及每天。这个计划表很简单，也许只需要花费 5 分钟，但你只有认真跟着做，才会有触底反弹的机会。

（1）制定目标

我们还是使用万能的康奈尔笔记本，如图 6-6 所示。

- 在第一行写下计划的日期，以及距离考试的天数，这样我们就知道自己还剩多少时间了，是不是突然有了紧迫感？

- 在左侧的线索栏分别列出总目标和分项目标的名称。

- 在右侧的笔记栏一一写下具体的目标。

- 将右侧的笔记栏分成两列，一列写出我们的目标，即我们的理想情况，比如希望期末考试总分达到 700 分，位列全班的前 3 名，以及各个科目的理想分数。另一列，写出我们目前的实际情况，比如最近一次考试的总分是 650 分，位列班里的前 10 名，那么距离目标还差 50 分，需要提高 7 个名次。对于各个科目也是一样，列出理想的分数和目前的分数。

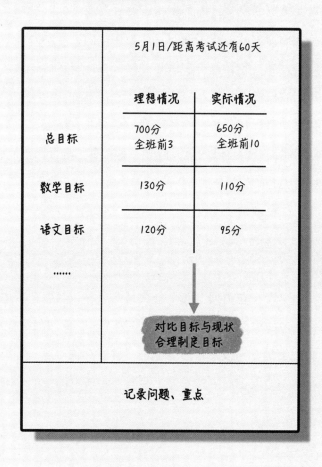

图 6-6　制定目标

通过这种方法列出理想情况和实际情况，我们就能对比现状与目标，看看现在的水平距离目标还差多少？

需要提醒的是，目标不能制定得过高或过低，最好有挑战性，是我们努力就能够实现的，这会让我们更有动力。如果目标制定得过高，容易打击自信心；如果目标制定得过低，很难调动我们的积极性。

把总的目标和分科目的目标都一一写在表格上。这个过程也有助于我们分析自己的学习情况，看看哪些科目比较拖后腿，哪些科目提升的空间较大。

（2）任务清单

如图 6-7 所示，把复习的任务像列清单一样逐个罗列出来。

我们可以在左边列上各个分项目的名称，然后在右边把每个科目在考前需要复习的全部资料罗列上去，比如课本有几章，是否有课堂讲义，以及有多少笔记、试卷和练习册，等等。我们现在不需要考虑能不能看完，只需要把所有涉及的复习材料都写上去。

图 6-7　任务清单

（3）考前规划

● 把康奈尔笔记当作竖版的日历，在左侧写下现在的月份和日期。

● 然后向下逐一列出从现在起到考前的所有日期。终点也可以是交论文的日期，如果是社会人士，其可以是某项任务的截止日期。

● 现在，用右侧的笔记栏把复习任务一一安排在日历中，比如计划每天复习一章数学笔记、一章英语课本内容或语文笔记等，每天安排好复习任务，直到考试的那一天，如图6-8所示。

请注意，并不是在考试前一天把最后一章复习完就万事大吉了，还记得我们在前文中讲到的备考步骤吗（浏览→粗背→精背→思维导图→乱序背诵）？

我们要按照这个步骤开展多轮复习，并且最好在考试的前几天安排冲刺复习，快速地过一遍重点和考点。

这时，我们就要开始取舍了。在刚才列出的复习任务清单中，找出最重要的内容，然后从重要的任务着手。在这里，我又要啰唆一遍，如果你在日常的学习中就把笔记整理成了清晰的复习材料，这时你就不要看教材或讲义了。以笔记为主，配合巩固错题即可。

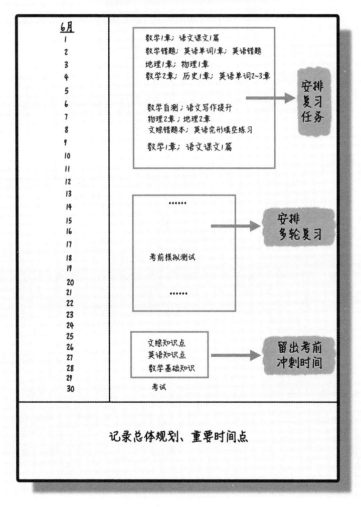

图 6-8　考前规划

用日历做时间管理

之所以用日历做时间管理（规划），是因为在我们把任务安排在日历上的同时，我们已经为它安排了行动的日期，明确了完成的时间段，这有利于我们去执行。

日历更加宏观，让我们对于每天、每周有多少工作量，以及距离考试的时间，可以做到心中有数。这样安排学习任务，时间会更有弹性，更加灵活。

考前复习是冲刺，不是长跑

如果把考前复习比作 1500 米的跑步之旅，那我们千万不要用匀速去跑全程，不然这将是一个漫长、艰苦的旅程，很容易在中途懈怠。

我们可以把长跑拆分成几个短跑，如将 1500 米分为 3 个 500 米的短跑距离，然后做阶段式冲刺。在每一个阶段进行爆发式冲刺，全力以赴奔向目标，而不是慢慢悠悠地跑向终点，如图 6-9 所示。

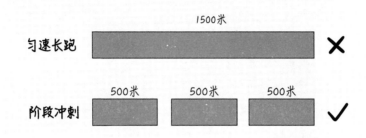

图 6-9　考前复习的节奏

在每个阶段，我们都要遵循以下的循环步骤：看书—自测—反馈—改进。

在每个阶段复习结束后，我们要通过做题和自测背诵效果等方式，检测自己的学习成果，进行自我反馈，根据反馈结果不断改进。

反复看书并不能让我们得知自己的学习情况，只有通过检测才能让我们了解自己是否真的掌握了相应内容，然后再根据反馈改进那些不熟悉和不理解的部分。

逆袭秘籍：错题本

如果能把所有错误都纠正过来，你离成功还会远吗？

学会整理错题，会让你的成绩一飞冲天！

整理错题的步骤

拿出康奈尔笔记本，在笔记栏里写下错题的题目。如果想节约时间，你也可以把错题剪下来贴在本子上。然后，详细地分析答案，理解这道题目。

看完后把答案盖住，像做一道新题一样在笔记本上解答，这样才能检测出你是否真的掌握了。写完后对照答案，看看自己写的和答案有什么差别，有什么遗漏。思考自己做错的原因是知识点掌握得不牢固，还是遗漏了题干信息等。

表 6-1 展示了几种常见的错题原因，在下次整理错题时你可以对照检查自己属于哪一种原因。

表 6-1 常见的错题原因

常见错误	内容
知识点掌握不牢	概念模糊, 基础知识、公式知识记得不牢固等
缺乏答题技巧	缺乏答题逻辑及答题思维, 答案漏掉关键点
审题错误	审题时漏掉信息; 条件反射导致的错误; 理解题干有误; 掉入题目陷阱
粗心	计算错误; 思维定式
遇到了新题型	遇到了新的题目及答题形式, 新的知识

在答完题后, 你要继续整理笔记, 包括:

● 详细分析错题原因, 了解为什么错;

● 整理解题思路及步骤。

要重视每一道错题, 即使是粗心造成的错误也要重视。例如, 因为观念里的先入为主、思维定式造成的错误, 潜意识里认为"就应该"这么作答, 从而忽视了关键信息和要点。

接下来, 在左侧的线索栏写出:

● 错误的原因, 比如知识点掌握不牢、审题错误等 (参考表 6-1 的常见错误);

● 涉及知识点的名称;

● 本次做对了还是做错了, 做对了就打个"√", 做错了就打"×";

● 如果连续 3 次都做对（✓✓✓）了，就可以不再看这道题，如果连续做错了，就要重点再回顾和复习一遍。

在下方的总结栏可以补充相关的知识点和同类型题目。

图 6-10 展示了用康奈尔笔记法整理错题的示例。

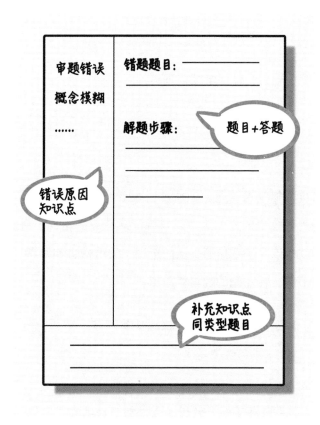

图 6-10　用康奈尔笔记法整理错题

▍错题本的使用方法

每次考试后，我们应将错题集中整理到笔记本上；也可以在一周学习结束后，再整理本周内做过的练习题。

错题本的关键是反复使用和练习。每次在使用错题本时，我们都要把错题当作新题来做。用纸盖住答案，自己写一遍，再对照答案。在这个过程中，多次做对的题可以不用再看，把错题本越做越薄。

在整理错题时，可以分题型整理，比如英语分为阅读理解、完形填空等；也可以以考试或练习册为单位，将一次考试的错题整理到一起。

考前准备及如何应对压力

考前准备

我们之所以对考试感到紧张和焦虑，是因为对考试带来的不确定性感到恐惧。我们不清楚考试当天的状况，不知道会遇到什么样的题目，自然会感到紧张。

我们现在要做的就是降低不确定性，当我们知道了将要面对的是什么，就会更有把握。

考前确认清单

- 考试前应明确考场的位置，了解如何从家或宿舍到考场，熟悉路线，确认离考场最近的卫生间在哪里；可以提前去考试的地点和考试的教室踩点。
- 明确考试需要带的物品，包括准考证、身份证、文具（包括中性笔、替换芯、铅笔、橡皮、尺子、圆规、写答题卡用的 2B 铅笔等）。

- 熟悉考试卷子的形式，找到历年的真题，看看其有哪些题型，有几个部分。

- 自己模拟一遍考试流程，掐着表计时完成真题试卷，检测自己把握时间的能力。

- 预设考试当天的情景，把考试当天要做的事情提前规划好，增强确定性，减少未知带来的恐惧。比如，考试当天几点起床，几点出发去考场，乘坐什么交通工具等。

- 在考试前一天晚上准备好要带的所有物品。写下考试当天的物品清单，然后在前一个晚上都准备好。

📄 考试时在考什么

- 对知识的掌握和运用：拿到试题，我们需要回忆复习的知识，进行逻辑分析和归纳总结。

- 时间分配能力：选择题和解答题用到的时间肯定不同。在遇到难题时，我们需要考虑花多少时间解答它不会影响到其他题目。

- 心理素质：良好的心理素质也非常重要。很多人到了考场，过于紧张，导致做错了原本会做的题目，或者答题逻辑不清，没有答题策略，丢掉了本可以得到的分数。

明白了考试是在考查哪些素质，我们在平时就可以多加练习。

关于如何缓解考前焦虑，请参考第 11 章的内容。

第 **7** 章

时间管理、自我管理方法

奥运冠军、亿万富翁这样管理时间

告诉你一个秘密。

> 本书介绍的亿万富翁布兰登、著名画家达·芬奇、发明大王爱迪生等，你和他们拥有一件一样的东西。
>
> 那就是时间。你拥有的时间和他们分毫不差，都是每天 24 小时，每年 365 天！

但是，我们如何花费时间，在有限的人生产生了怎样的价值，却千差万别。这让我们活出了完全不一样的人生。

现实往往是我们的时间总也不够用。堆积如山的工作，做不完的作业；很多人心血来潮制订了一堆计划，却总是计划赶不上变化；想早起，想健身，但迟迟未能开始……

我们总是被时间推着走，诚惶诚恐，从未驾驭过时间。忙忙碌碌地过完一天，盲盲目目地过完一年，不禁感叹，时间都去哪儿了？

那么，我们怎样好好把握时间才能创造不同？

他们这样管理时间

体操女皇香农·米勒

历史上著名的体操运动员香农·米勒被誉为"体操女皇"，她获得过 7 枚奥运会奖牌和 9 枚世界锦标赛奖牌。

她会制定详细的日程规划，来安排各类事项，比如训练、学习、生活和其他琐事。而且，她的计划表会精确到分钟！例如，9:00—10:30 做什么，10:30—11:00 做什么，等等。

在备战奥运会期间，训练会成为香农的重中之重，她会优先安排训练的时间，并确保总是在固定的时间段进行训练，然后安排其他没那么重要的事情。就连碎片时间，她也不放过，比如她经常会在车上完成作业。

她还说过，一定要把计划写下来。每一刻都很重要，要确保你时刻专注在目标上。

另外，她也提到休息的重要性，不要觉得休息可耻，在状态不好的时候，小睡一下可以帮助自己恢复活力。

特斯拉创始人马斯克

当今商业领域最具影响力的人中，一定有埃隆·马斯克的名字。他创建了风靡全球的汽车品牌特斯拉，以及致力于探索太空的航天企业 SpaceX。除此之外，他还在不断扩展自己的商业帝国。那么，管理这么多企业的"大忙人"是如何管理时间的呢？

马斯克热衷于做日程规划，他会用到"时间块"的概念。"时间块"就是把一天中的时间分成多个小块，然后在每一个时间块集中完成一项工作。马斯克会把时间块精确安排到"5分钟"，规定在这个时间内完成某项工作。

由于他同时掌管着多家公司，因此他会给每一天的工作设定"主题日"。比如周一要完成特斯拉的工作，周二要完成 SpaceX 的工作，这让他时刻聚焦重点，不会因为同时应对太多事情而分散精力。

他也认识到了睡眠的重要性，他会保证每天 6 小时的睡眠。他说过如果睡不够这个时间，自己会感到精力不足。

柳比歇夫时间管理法

关于时间管理，一定要提的就是柳比歇夫。柳比歇夫是一位哲学家、昆虫学家和数学家。他的一生非常高产，发布了 70 多部学术著作，以及 1 万多张打字稿的论文和专著。而且，他的文章涉及领域十分广泛，包含了科学、哲学、农业、动物学和遗传学等。

柳比歇夫运用了一套"时间统计方法"，他每天都会在笔记本上记录当天做的每一件事，以及每件事花费了多少时间，例如：

1964 年 4 月 8 日，乌里扬诺夫斯克（地点）；

分类昆虫学：鉴定袋蛾——2 小时 20 分钟；

写袋蛾的报告——1 小时 5 分钟；

路途往返——0.5 小时；

读报纸——《消息报》——10 分钟；

…………

他会统计一天中做的所有事情及时间，包括工作、通勤、休闲等。通过记录，他就知道今天做了什么，在重点工作上花了多少时间，在非重点工作上又花了多少时间。这帮助他时刻关注时间的消耗情况，并追踪工作是否按计划执行，然后再根据当天的情况，对第二天的工作计划进行调整。

不要以为他把时间都用来搞学术，生活一定很无趣。实际上，柳比歇夫还有许多业余爱好，他喜欢听音乐会、看电影和旅游，还掌握了几门语言。

统计时间的方法，让他成了时间的主人。

我们不难发现，这些成功人士和精英都是"多面手"。他们做到了"驾驭时间"，能够平衡工作、生活和学习上的各类事务，把时间用到极致，无限开发自己的潜能。

高效管理时间 5 个法则

把所有事写下来

当在一天中有许多事要完成时，我们不妨把它们一件件列出来，并安排完成的具体时间段。

我们应将"任何事"都记录下来，而不要尝试用大脑记住所有事。无论重要的任务、日常的琐事，还是一个预约的日期。总之，无论大事还是小事，通通将其写到计划表上。这样才能释放大脑空间，我们才能专注于真正重要的事情，才会产生创意和灵感，而不是被各类待办事项填满了"内存"。

做好了计划，我们就不用时刻想着有多少事要做，接下来该做什么。将事情安排到对应的时间段，到了相应的时间，就自动开启相关的任务，这可以帮助我们释放心力。

要事优先

我们应确认事物的优先顺序，把重点放在那些能帮助我们实现目标的事情上。这方面的内容在后面有关拖延症的章节也会详细介绍。

精力管理

时间管理其实就是精力管理，说白了就是自我管理。心理学家吉姆·洛尔和作家托尼·施瓦茨提出精力包含 4 个部分，即体能、情感、思维和意志。

在体能上，奥运冠军、亿万富翁都提到了充足的睡眠的重要性。人体的精力就像一块电池，休息就是在给身体充电，因此保持每天充足和规律的睡眠很重要。

在饮食方面，我们吃完饭后容易犯困跟食物的升糖指数有关。例如，加工食品、油炸食品、高碳水化合物食品，升糖指数较高。虽然吃完后它们会在短时间内刺激大脑，但过一会儿我们就会感到精力不足。

我们可以选择升糖指数低的食物，比如全麦主食、高蛋白食物等，这些食物能给我们提供持续的能量。

对于情感方面，我们可以通过做自己热爱和感兴趣的事给自己充电。但是注意，玩手机或看电视剧这些事并不能让人真正得到放松，它们更像是"精神垃圾"，让我们的大脑在短时间内兴奋起来，但之后会更累。

在思维和意志方面，我们可以找到值得为之奋斗的目标，找到人生的意义感，然后通过做计划去一步步实现。

不要看热搜、娱乐新闻

现在的新闻消息非常善于博眼球，抓住了人们的猎奇心理，并善于煽动情绪。通过夸张的标题和并不一定真实的信息来吸引注意力。这些信息毫无营养，很多信息只会引起我们对社会的不满、愤怒、焦虑和担忧等，而且看热搜、娱乐新闻容易停不下来。

如今，算法还能抓准我们的喜好点，为我们推送"独家筛选"的内容，让我们欲罢不能，觉得手机真好玩！实际上，这让我们陷入了"信息茧房"，我们看到的只是系统和平台想让我们看到的内容。我们应杜绝一切热搜和娱乐新闻，不要让自己的人生限制在小小的手机屏幕里。

▎早起

我们几乎很少听到哪个成功人士会睡懒觉。如果我们起得很晚，这一天的时间就所剩不多，我们会感到很沮丧，没有动力去做更多的事。

根据杜克大学的一项研究，大部分人在早上起床后的 2 小时内，效率是最高的。所以，我们一定要把握这个黄金时间段！

著名演员、美国加州前州长施瓦辛格每天 5 点就起床了。

苹果的 CEO 蒂姆·库克从凌晨 4 点就开始工作。

本杰明·富兰克林每天 5 点开始安排一天的工作。

星巴克的 CEO 霍华德通常 6 点前就会到达办公室。

关于成功人士早起的例子还有很多。也许我们不需要像他们一样四五点就起床，但我们可以根据自身情况，合理安排起床时间，并坚持下去。世界会嘉奖早起的人。

我们可以用康奈尔笔记法记录睡眠和起床时间。只有写下来，我们才能追踪自己是否按要求完成早睡和早起，从而逐渐养成好习惯，如图 7-1 所示。

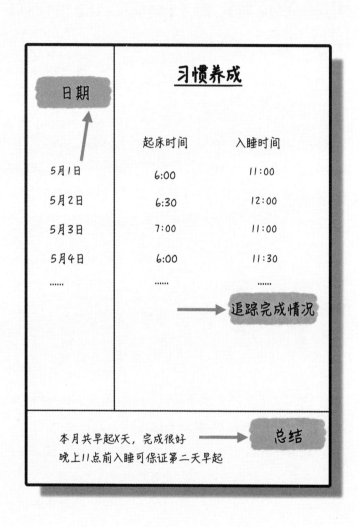

图 7-1　用康奈尔笔记法记录习惯

用康奈尔笔记做日计划、周计划和年计划

成功人士都提到了做计划的重要性。我们应意识到时间的宝贵性，每天都妥善利用自己的时间。做完计划后，我们要遵守它，按照规定的事情一项项去完成。如果没有完成，就要反思，是安排的时间不合理，还是工作方法有问题，然后在第二天进行改进。

每日计划

我们可以用康奈尔笔记格式做日程规划。

- 每天一早就把当天要做的事情列出来，这样就知道今天有什么安排，不然总会被其他事情分心。
- 在第一行写出当天的日期；在左侧的线索栏写出一天中具体的时间段，一般从起床的时间开始规划。
- 用右侧的笔记栏安排每个时间段要完成的任务，我们也可以使用时间块的原理，把时间划分成30分钟或者1小时为单位的时间块。

● 任务右侧的空白处可以记录任务的完成情况和实际消耗的时间。再根据实际完成情况调整第二天的计划，我们会逐渐找到在不同任务间切换的节奏。

　　在做计划时，我们要优先安排当天最重要的 3 件事。一定要先去做这 3 件事，否则每天总在忙碌最紧急的事情，对于重要的事情一直拖着不做，长此以往，我们的人生很难有突破。重要的事情是指能为我们带来长期收益的事情，比如对学得不好的科目进行查漏补缺；紧急的事情是指当下比较着急去完成的事情，比如做寒假作业。

　　在每天一开始就着手最重要的任务，不完成就不要开始做其他事情。这样能让我们时刻聚焦重点，只要坚持下去，就一定会看到改变。

　　记得要为每项任务留出缓冲的时间，不要把每件事的完成时间安排得太紧凑，预留一些"空白"时间，以免计划有变，或者未按时完成前面的任务，打乱后面的规划。

　　每完成一项任务，就在计划表中将它重重地画掉，这会让我们有满满的成就感。

对于康奈尔笔记下面的总结栏，我们可以用来记录当天的目标，记录有哪些最重要的事要完成。我们也可以在一天结束后进行反思，思考为什么有的任务没有完成，然后再调整第二天的计划，这也是很重要的收获，如图 7-2 所示。

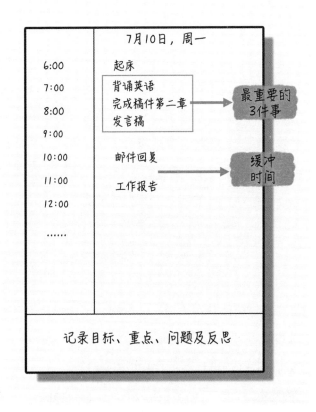

图 7-2　日计划

做好一件事不难，难的是日复一日把要做的事做完、做好。很多人空有一颗上进的心，却在实际生活中敷衍潦草。你怎么过一天，就怎么过一生。

周计划

- 用康奈尔笔记做每周计划，在左侧写下一周的日期。
- 然后在右侧的笔记栏安排每天的任务。
- 通过这样的计划，我们能清晰地看出一周里每天的任务；可以提前做准备，不会因为突然来临的工作事项而手忙脚乱。

图 7-3 展示了周计划示例。

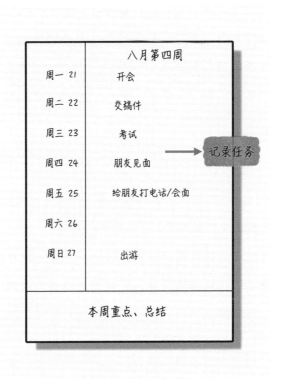

图 7-3　周计划

年计划

我们可以利用康奈尔笔记法站在一个更广的维度上做规划，即年计划。

- 在第一行写下年份，在线索栏写出一年的 12 个月。

- 然后在笔记栏写出这一年里的规划，比如有哪些大的工作节点、考试时间、放假和旅行安排，等等。
- 在下方的总结栏写出当年的几个目标。这样一来，全年有哪些大事和要事，就很清晰了，我们可以有条不紊地开始做准备。

图 7-4 展示了年计划示例。

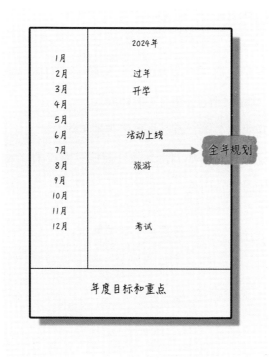

图 7-4　年计划

管理任务，提升效率

事情多到做不完，每天都焦头烂额；

忙忙碌碌一天下来，感觉身体被榨干；

明明一直在努力，但工作却毫无进展。

…………

以上场景大概是很多人的日常写照。我们仿佛陷入了"间歇性努力，持续性混吃等死"的怪圈。

要更聪明地工作，而不是更辛苦地工作。

时间是固定的，我们没法改变时间。真正的高效运用时间并不是管理时间，而是：

任务管理 + 自我管理。

任务管理

请再次拿出你的康奈尔笔记，我们一起来做任务管理（见

图 7-5)。

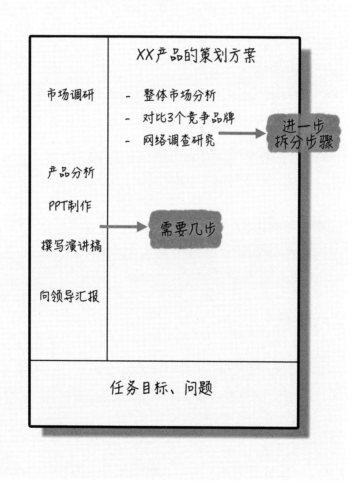

图 7-5 用康奈尔笔记法做任务管理

- 第一步，在第一行写下你正在跟进的一个项目，比如要完成产品的策划方案。

- 第二步，在左边写出完成这个项目需要几步，比如市场调研、产品分析、PPT制作、撰写演讲稿、向领导汇报等。

- 第三步，在笔记栏写出每个步骤里具体要做的事情，比如市场调研这一步又可以细分成：整体市场分析、对比3个竞争品牌、网络调查研究，等等。然后，给每项小任务安排一个具体的完成时间。

这样，我们就把一个大项目拆分成了一个个可以立刻去执行的小步骤。明确了下一步要做什么，任务的难度就降低了。

二八法则

很多时候，投入和产出并不成正比，努力不一定就能带来成果。著名的二八法则提到，80%的成果往往来自20%的行动。

> 20%的事情决定了80%的成功。因此，找到那

> 20% 能影响结果的事情，集中精力做最重要的事情，
> 攻破它，而不是在繁杂的琐事中浪费时间。

还记得我们刚才讲到的优先级吗？从最重要的事情开始行动吧！

聪明地做会议记录

每次开完工作例会，很多人都会洋洋洒洒地记录一堆内容，后期却很难跟进，这是因为记录的方式有问题！无论在工作中，还是在参加学生社团时，我们都需要聪明地做会议记录。

在做会议记录时，我们也可以使用康奈尔笔记法。

在第一行写下日期、会议主题、与会人员等。

在笔记栏记录每一个工作事项，同样采取大标题—小标题—分点内容的形式。

然后最重要的内容是，某一项工作的下一步该如何跟进，领导给出了哪些指示和要求。我们可以画一个箭头，指向左侧，在线索栏写出具体的内容。例如，电话跟进制作进度、领导提出要增加工作人员等。这样一场会议下来，我们需要跟进哪些

任务就一目了然，也不会遗漏重要的信息了。

图 7-6 展示了如何用康奈尔笔记法做会议记录。

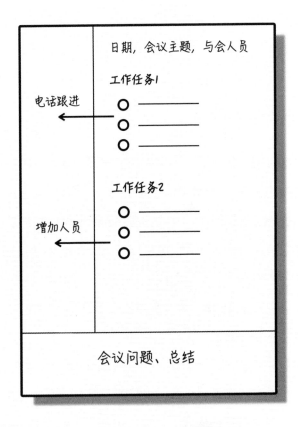

图 7-6　用康奈尔笔记法做会议记录

▌分配精力

我们的精力有限，早上刚起床时就像是充满电的状态。随着一天的工作和时间的推进，"电量"会越来越少。这就是为什么当一天工作结束后，明明还有时间，我们却提不起精神去健身和学习，因为我们的精力已经不足了。

因此，我们要根据精力来安排任务。用早上的时间完成难度大、费脑力的事项，效率会更高。午饭后，要减少费脑力的任务安排，这个时间段可以做一些重复性的工作。

另外，在一早开始工作时，我们不要先回复邮件和各种信息。因为一开始就回复邮件，相当于把掌控权拱手让人，我们要花费精力去面对来自各部门、各组织的老问题和新问题。我们要先聚焦在最重要、最有难度的事情上，然后找一个固定时间统一回复邮件和各种信息。

▌如何戒断手机

大部分人都会把手机闹铃当作闹钟，这就让手机成为我们睡觉前看到的最后一样东西和早起后看到的第一样东西。这在无形中会让我们被各种信息和娱乐控制！睡前，我们总是控制不住地浏览各种短视频，一刷就刷到了大半夜，早起后又被各种信息"狂轰滥炸"，随便一翻手机，大半个小时又过去了！一天的节奏就这样被打乱了。

以下这 3 个步骤，可以帮助你远离手机。

- 第一步，你需要换一个实体闹钟，不要再把手机闹铃当作闹钟了。

- 第二步，睡前 1 小时不看手机。你可以在睡觉前，把手机放到另一个房间，或者放到抽屉里。秘诀就是不要让手机出现在眼前。这可以帮助你准时睡觉，也能提高睡眠质量。

- 第三步，起床后 1 小时内不看手机。这有助于你在早起后立刻开启新的一天，专心致志地投入工作，而不是让大脑被各种信息和新闻塞得满满的。

你需要严格遵守这个"1+1 手机隔绝法"，即睡前 1 小时加上早起后 1 小时，要杜绝和手机的接触。答应我，今天晚上就试试吧！

时间太宝贵了，朝夕之间不过一瞬，不要被自己心里的"等以后有时间了再做""等机会成熟了再开始"所拖累。人生没有"以后"，如果你有什么想做的事情，现在就去做。

第 **8** 章

重塑阅读和写作

阅读改变人生

巴菲特的"启蒙读物"

我们又要讲到巴菲特，他从小就酷爱读书，经常泡在当地的图书馆翻阅各类书籍。他曾读过的一本书叫《赚1000美元的1000种方法》，这本书介绍了许多实用的赚钱方法，成了他的商业启蒙书。据说，巴菲特几乎背下了书中的内容，并对其中的方法加以运用。只有十几岁的他就开始兜售一些小商品、送报纸，甚至买了他人生中的第一支股票。在小小年纪，他就赚到了1000美元。

后来的故事大家都知道了，他开启了传奇的投资生涯，总能实现超高的收益，成了全球最富有的人之一。

直到现在，巴菲特都保持着阅读的习惯，他每天会花上五六个小时读书和看报。

追风少年成发明家

在非洲的一个小村庄，经常发生干旱和洪涝灾害，人们饱受饥饿的折磨。威廉·坎宽巴是生活在这里的一个小男孩，十几岁的他因为家中贫困只能辍学。但坎宽巴并没有因此停下学习的脚步，他经常去村子里的图书馆看书。当时的他阅读了关于能源的图书，自学了关于发电的技术和知识。

年少的他将书中的知识运用到了生活中，他把一辆自行车改造成了发电风车，打造出的发电设备解决了村庄的灌溉问题。

后来他有机会重回校园完成学业，并从美国的达特茅斯学院毕业，还在 TED 发表演讲。他的经历还被改编成电影，搬上了大荧幕。

📝 普通职员逆袭成为著名社会学家

很多年前，一位"横空出世"的普通职员用一份自己整理的社会学内容手稿敲开了专家领域的大门。

这个人就是尼克拉斯·卢曼，他完成的社会学著作一经出版就轰动了学术界。他提出的理论让他在社会学领域名声大噪，使他成了德国著名的社会学家之一。

是什么让一位普通职员一跃成为社会学大师？答案是，卢曼每天下班后，会一下子扎进书本的海洋中，他的阅读涉猎广泛，涵盖了哲学、社会学等广泛领域。

不仅如此，卢曼还采用了一套特殊的笔记方法。阅读时，他会将自己的感悟、评价、文字摘录及灵感写在小卡片上，每张卡片记录一个独立的笔记内容。然后，他在卡片的一角编上数字，把内容关联的小卡片放在一起。根据卡片编码，他可以看到同一个主题下不同作者的观点，不同年代的理论演变，以及对某个观点的各种批判。

据统计，卢曼整理了 9 万多条笔记。正是这些笔记帮助卢曼整理了思想。他凭借这些笔记，出版了 50 多本书，发表了 400 多篇文章，几乎涉及各行各业。

读书让我们有机会了解历史上的伟人、真正的聪明人和行业领袖的思想。书中的文字是我们和他们交流的桥梁，帮助我们领略这些伟人的思想精华。尤其是小时候读的书，就像在人生道路上埋下的种子，生根发芽，影响着我们未来的成长之路。

读书促进思考，可以让我们对自己进行优化和迭代。比尔·盖茨给自己设置了"思考周"，他会到一个不受干扰的湖边小屋，用一周时间专门来看书。卡耐基也不止一次提到多读书的好处，读书能为我们的人生指明道路，阅读带来成功。

成功人士读什么书

托马斯·科里做过一项统计，发现 88% 的富人每天至少阅读 30 分钟，85% 的富人每月看 2 本以上的书。

他们读的不是闲书，超过一半的人阅读名人传记、个人成长和历史类图书。

阅读和学习可以锻炼大脑，图书可以给我们带来很多启示。

传记类图书。著名投资人查理·芒格从小就喜欢读各种书，他甚至被身边的人称为"长着两条腿的书"。他尤其喜欢读传记类图书。每当读书时，他会把书中的人物想象成自己的朋友或导师，每当打开书时，就像和老朋友或导师见面聊天一样。这样能更切实际地把他们的知识运用到自己的生活中。

想想看，读书就能让我们拜最卓越的人为师，汲取他们智慧的精华，我们何乐而不为呢？

历史类图书。"读史可以明智，知古方能鉴今。"读历史类图书，可以帮助我们从时间的长河中吸取人类的智慧和教训。阳光底下没有新鲜事，现在发生的事情和未来即将发生的事情，也许都在过去的某个时代发生过了。

科学类、物理类图书。硅谷著名投资人纳瓦尔推荐的读物里不仅有历史书，还包括了科学类、物理学图书，他认为其是许多学科知识的基础。

读书笔记的正确使用方式

阅读改变人生，但为什么有些人读了很多书，依然没有长进？那可能是因为他们一直在无效阅读。

本杰明·富兰克林在阅读时会随手拿着笔记本和笔，边读边将要点写在笔记本上。他说这是帮助记忆的最好方式。

社会学大师卢曼在读书时做的笔记也非常有讲究。卢曼的读书笔记不是摘抄，而是他在看完原文后写下的自己的思考和评价。这样做笔记才能促进思考。

读书时不做笔记 = 无效阅读

笔记只写在书上 = 无效阅读

为什么一定要做笔记

如果不将所学知识记录下来，就容易忘记。即使看过的书再有意义，老师讲的内容再深入，演讲者讲的主题再精彩，过了一段时间后，大部分内容也都会被遗忘。

为什么不能在书上做笔记

不要将笔记写在书上，因为你很可能再也不会打开这本书。而且，当你想要在看过的书中找到某一个观点时，是非常困难的。如果每次想运用书中的某个知识，都需要翻开书查找，这会很麻烦。

做笔记一定要思考

读书笔记一定是经过思考后的产物。做笔记可以帮助思考，我们在记录时要用自己的话进行复述、转写。

卢曼的卡片笔记就帮助他从庞大的资料中整理想法和深入思考。这让零散的知识形成体系，建立了知识架构。这些笔记成了他日后出书、写文章的内容来源。甚至在他去世后，他的助手还从他的笔记手稿中整理出了多本不同主题的图书。

用康奈尔笔记法做读书笔记

第一步，阅读前的准备工作

- 在笔记的最上方写上书名、作者、出版时间，以及你是什么时候阅读的等基本信息。

● 快速浏览书的框架。

在拿到一本书后，我们要快速浏览书的目录。看看这本书包含多少章，涉及哪些内容。然后同样，在阅读每章之前快速过一遍本章里的大标题、副标题、粗体字和图片等。

目录→章标题→副标题→粗体字和图片

这一步可以有效提高阅读速度，就像你要去往一个目的地，出发前先查一下导航，规划行程，并计划到达时间。

第二步，阅读中

下面，我们就正式开始阅读。

在读书的过程中，我们应学会区分 3 类内容，即论点、论据和案例，如图 8-1 所示。

● 论点是书中核心的观点，是作者要表达的思想和理论。
● 论据是辅助论点的内容，用于解释说明核心观点和支持理论。
● 案例是作者列举的例子、调查研究或引用的名人名言等。

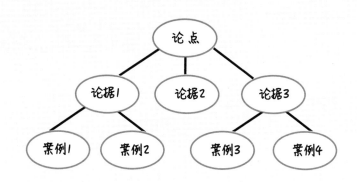

图 8-1　论点、论据和案例

找到作者的核心观点。

核心观点是作者在某一章或某一段中表达的中心思想，是作者自己的见解。

一般来说，一章结束的地方或者一个段落的开头句和结尾句，最容易出现作者的核心观点。

有时候，作者会用一个具体的例子进行解释说明，所以这个例子的前后也很容易出现核心观点。

请注意，作者的观点不代表就是事实，你可以带着批判性的眼光去阅读。问问自己这个观点是否正确？支持的论据是否有理有据？你在阅读本书时，也请不要照搬本书的观点，加入你自己的思考才是阅读的正确方式。

边读边做笔记。

在阅读时，我们要使用康奈尔笔记法的笔记栏，边读边做记录。

读书笔记具体写什么？

- 记录作者的核心观点及支持的论据。要锻炼自己的阅读能力，去寻找某一章、某一段的主要概念。
- 一定要用自己的话复述，而不是抄写。复述就是转述和改写，言简意赅地描述作者的见解，这样才是在思考。
- 写下自己的思考和感悟。比如在读四大名著时，你可以思考某个段落的写作手法是什么？表达了什么样的人物性格特点和社会环境？烘托了什么样的主题？
- 记录好的例子和好词好句。收集书中好的例子和好词好句，并标明未来能用在什么地方。即使要摘抄原文的句子，也最好放到不同的语境下进行改写，灵活运用书中的知识。

📄 第三步，阅读后

用线索栏整理问题。

每当阅读完一小节或一章，我们就将笔记栏里的内容，归纳成一个个问题或者小标题，写在康奈尔笔记法的线索栏中。

比如在阅读本章"读书笔记的正确使用方式"时，你就可以在线索栏中将其总结为："有效读书笔记的 3 个原则""用康奈尔笔记法做读书笔记的 3 个步骤"。

线索栏相当于书的内容框架。在整理完读书笔记后，我们只需要快速回顾线索栏，就能清楚地回忆起这本书讲了哪些内容。

整理总结栏。

● 我们可以在笔记下方总结这一页笔记内容，用 3 句话来介绍这部分讲了什么。可以设想一下，如果你向一个从来没有看过这本书的人介绍这本书，如何用最简洁的 1 句话或 3 句话说明白？

● 我们还可以总结这本书的 3 个核心知识点、主题或者核心事件。这可以帮助我们提炼作者的核心观点。

● 我们要在最后整理自己的思考和感悟。

图 8-2 展示了如何用康奈尔笔记法做读书笔记。

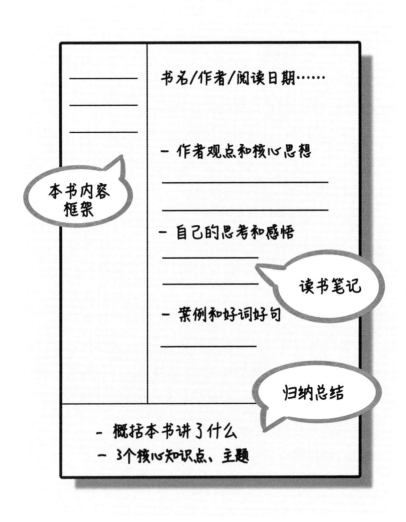

图 8-2　用康奈尔笔记法做读书笔记

从不及格到作文满分

学生时代，我的语文作文一塌糊涂，从来没有迈进过及格的大门。到了高中，我的作文依然没有长进，而且和别人一差就是十几分。于是，我痛定思痛，下定决心一定要拯救自己的作文成绩。

接下来，我做了这几件事，让我的作文成绩从不及格达到了满分。

第一步，我买了一本叫作《满分作文》的书，里面是历年高考的优秀作文合集。我开始系统地研究如何写好作文。我翻看着这些满分作文，也模仿着别人用了很多写作技巧，每每完成都觉得自己写出了旷世佳作，结果分数一出，依然是不及格！

逐渐地我发现，光是翻看这些满分作文，我什么也记不住，即使用笔画出好的句子，在考前狂背，但是没有理解透彻，拿到试卷时还是会大脑一片空白，最后考试成绩并没有什么改观。这是因为这些写作技巧和好词好句，我既没有理解，也没有记住。

于是我决定"写下来"，把好的句子整理到笔记本上。谁知，这成了改变我人生的决定！

每当看到好的句子时，我就把它抄写到笔记本上。这时，我才发现这些优美的辞藻如果不写下来，就只是过眼云烟，很快就会被遗忘。

第二步，写下来之后，我会用这些优秀案例和自己写的文章做对比。我这才发现，自以为用到的写作技巧和句式根本未达到要求；自以为抒发的感情和表达的中心思想，阅卷老师可能根本没有看明白。即使我凭回忆用到了作文书中的一些例子，也只是浮于表面，根本没有深刻理解其用法。

我明白了，只对着优秀作文看是没有用的，哪怕是照着背，也无法将这些技巧变成我自己的知识。于是，我继续整理写作笔记，看到好的句子就抄写下来，并且我会问自己：如果换一个主题，该怎么运用？于是，我会进一步改写这个句子：把它放到不同的语境和不同的主题中，改写成我自己的句子。

就这样，我的作文成绩不断进步。一次语文考试结束后，我的作文成绩竟然达到了48分！太激动了！虽然对别人来说，这依然是个低分，但我到现在都忘不了当时兴奋的心情——我终于及格了！

这小小的进步，为我带来了巨大的信心。我在心里面萌生了一个想法——也许我也能写出好作文。

就这样，我不断充实我的写作笔记，不断写着改着。我开始分主题地收集好词好句，比如描写坚持的有哪些，描述家国情怀的有哪些，然后将其统统地整理在笔记本上；我收集了许多古今中外的典故，包括优美的诗句、词句，可以在描述论点时使用。

我发现，只有写下来，我才能把别人的东西转化为自己的内容；只有写下来，我才会去主动思考。在写的时候，我会思考这些句子放到其他的作文题目下该怎么运用。

我还拆解了很多满分作文的框架，如果只是"看"，是一定不会知道别人为什么写得好的，所以我会将其记在笔记本上。这样当我拿起笔时，我的大脑才会分析文章结构是什么，写作逻辑又是什么，等等。

终于我的作文成绩一路"高歌猛进"。直到我成了全班写作的第一名，拿到了满分！

之后，我的作文成绩一直稳定在接近满分的水平，很多次扣分也是因为错别字（实在不应该！）。考完试后，语文老师还会把我的作文打印出来作为模板，发给全班同学学习。

我永远不会忘记，在毕业时，语文老师骄傲地对我说："你是我的得意门生！"

而这一切的改变就是从我拿起笔整理笔记开始的。

4 步写出一手好文章

我在收集写作方法的资料时，无意间读到了本杰明·富兰克林的故事，他曾从一个写作能力平平的人一跃成了著名的作家和政治家。

我惊喜地发现，他用的写作方法竟然和我的差不多！

富兰克林一直想提高自己的写作能力，当他看到一本名为《观察家》的杂志时，被里面精彩的文章所折服。于是，他开始研究和分析里面的优秀文章。

他根据文章的主题先试着写出一些文章，并与《观察家》里的文章进行对比，找出自己与这些作者之间的差距，看看他们是怎么用词、怎么表达观点的，然后修正自己的文章。同时，他也通过杂志里的文章不断积累丰富的词汇量。

就这样，他一步步成了美国历史上最伟大的作家之一。他的《富兰克林自传》激励了很多人。

我们可以将提升写作能力分为简单的 4 步。

4 个步骤写出好文章

第一步，找到"大师作品"

根据你的写作需求，找到优秀的文章案例。如果你想提升考试中的作文水平，可以参考历年的满分作文；如果你想提升撰写报道和故事的能力，可以找到经典的新闻和文摘等。总之，找到这个领域里的高质量范文。

然后，阅读、分析和观察这些文章。

第二步，自己写作

根据某一篇文章或作文的主题和题材，自己动笔写。这时，你也许还在用惯常的写作方法，可能依然写得很普通，但不要紧，一定要动笔写。

第三步，对比

将自己写的内容与优秀范文做对比。找到差异点，找到自己写的和大师写的有什么区别。

- 表达观点的方法有什么不同？

- 文章的结构和逻辑有什么不同？

- 举的例子有什么不同？或者用了同一个例子，但表达方式有什么不同？

- 范文中有的，但是你没有的内容是什么？

在对比时，你一定要站在另一个人的角度去读自己写的文章，客观地找出自己的不足。

- 你能看懂自己在写什么吗？

- 从哪里开始你看不下去了，开始走神了？

- 修辞手法用得对吗？

- 是否偏离主题了？

- 表达的中心观点明确吗？

📄 第四步，改进

根据对比的内容改写自己的文章。这时，你可以模仿优秀范文中的写作方法，对其中的句子和例子加以修改，再将其运用到自己的文章里。注意，不要原封不动地照搬，试着换一个语境和场景，根据实际的上下文写出来。

然后再对比，再改进，不断循环往复，直到写出好的文章。

对于写作，最怕的是"自嗨"，自认为写得非常好，该用的句式也用了，该有的文章结构也有了，但也许在别人眼中，除了花里胡哨的辞藻，其他什么都没看明白。

在对比时，如果自己很难看出差异点，不妨给老师、同学和身边的朋友看看，听听他们的意见，你也许会有收获。

打造素材库

在写作时，能做到精美的语言和丰富的例子信手拈来，少不了日常的积累。

平时在阅读时，我们要分主题收集写作素材，包括：

- 经典的开头句、结尾句；
- 优秀的例子，古今中外的故事，诗词歌赋等；
- 同一意思和词语的不同表达方式；
- 高级的修辞手法和句式结构。

我们可以在康奈尔笔记左侧的线索栏写下不同的主题分类，如民族文化主题、精彩开头等。

然后，在笔记栏写下在这个主题下收集的素材，比如涉及民族文化的有双奥之城、文化自信和自立自强等内容。还可以收集一些经典的例子、名人名言、古诗和满分作文开头，等等。

使用康奈尔笔记的左侧记录主题、内容的分类，用右侧记录写作素材。后面在回顾素材时，我们就可以找到对应的分类，就能快速看到该主题下的内容。

图 8-3 展示了如何用康奈尔笔记法收集写作素材。

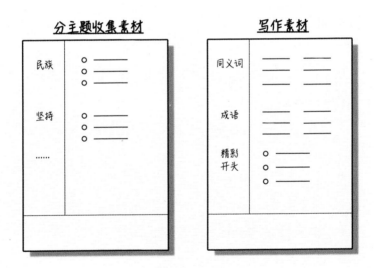

图 8-3 用康奈尔笔记法收集写作素材

拆解优秀文章

拿到一篇好的文章，我们要学会拆解文章结构和行文逻辑，分析作者是如何一步步表达观点的。图 8-4 就列举了 2 种不同的表达结构，一种先通过举例说明，再罗列论据和信息，最后输出核心观点；另一种先输出观点，再一步步解释说明。

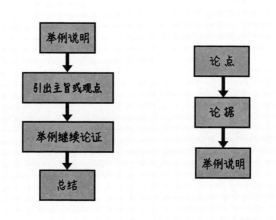

图 8-4　2 种不同的表达结构

别着急写

无论在考场上写作文，还是日常写作，我们不要看完题目就火急火燎地开始写。

在写作之前，我们要构思以下内容：

- 怎么开头；

- 中间段包含什么；

- 怎么结尾；

- 用什么案例、诗词等；

- 本文最惊艳的 3 个内容是什么，比如一个精彩的例子，一个精彩的排比句式，或者一个精彩的观点。

思考清楚后再动笔。看清楚题目，好好审题，确保自己理解了题目要求及答题要点，不然在写作中途才发现偏离主题了，那就覆水难收了！

写作不是一件一蹴而就的事情，需要不断的练习和大量的积累，但正是这个充满挑战的过程，不断打磨着你的技能。相信有一天你也能写出一手好文章。

第 9 章

做笔记的实用技巧

用计算机还是笔记本

为什么一定要写下来

俗话说："好记性不如烂笔头。"

随着电子产品的普及，越来越多的人开始用计算机做笔记。在社交媒体上搜索"无纸化学习"的内容，浏览量已经超过 1 亿次。确实，用计算机打字更加快捷，节省时间，同时还能节约纸张，一举两得！

然而，最近的科学实验表明，事实和我们认为的恰恰相反。研究表示，用计算机打字做笔记远不如手写高效。

实验中，研究人员将学生分成两组，要求他们边听讲边做笔记，其中一组学生使用计算机做笔记，另一组学生手写做笔记。

实验结束后，研究人员再测试两组学生对概念性问题的理解能力。

结果表明，手写组学生的表现明显优于计算机组学生。

这是为什么呢？

研究人员发现，当使用计算机打字时，因为键盘输入更加快捷，学生往往会不假思索地记录所学的知识，从而缺乏了对知识的加工和思考，于是，做笔记就变成了"复制粘贴"，学生并没有更好地理解知识。

相比之下，手写组的学生因为在书写时更加耗时耗力，所以会倾向于斟酌和思考后再做笔记。就像我们在记录时会评估怎样写更简练，思考哪些是重点，然后用自己的话来概括。即使这个过程很简单，而且发生得很迅速，却也帮助我们在大脑中加工和分析信息，进一步理解和吸收知识，这是主动思考的过程。

因此，手写笔记对学习和记忆更有帮助。

当然，目前平板电脑也开发了许多通过电容笔实现手写笔记的软件，这暂时不在本次讨论范围内。

为什么一定要写在笔记本上

不要把笔记写在课本、教材上。想象某一天，你需要在几百页的教材里搜索一个小知识点，这就像大海捞针一样困难！

也不要将笔记写在讲义或老师发放的资料上。这些材料过于零散，难以收纳和整理，堆积在一起，也让你很难找到需要用到的那一页。

一定要把笔记写在笔记本上。笔记本就像是一个知识的大文件夹，汇集了来自各个方面的信息，包括教材、讲义、试卷和学习资料。每次搜索知识时，你只要找到相关的章节即可锁定内容。

如果来不及将知识记录到笔记本上，你可以先在书上做临时笔记，零星地记录重点，然后再找时间将其誊写到笔记本上。

快速记录法

在做笔记时要避免长篇大论，我们可以使用"快速短句"来代替长句子。

快速短句，是用简练的语言将核心信息分点总结出来。句子不需要严格遵守语法逻辑，目的是快速记录重点，便于后期查看时能够一目了然。

比如下面这两个例子。

在 11 点前给小明打电话，问清楚作文要求。

快速短句：11:00 小明 作文。

上交论文初稿的截止日期是 5 月 30 日。

快速短句：5.30 论文初稿。

218

充分利用符号、缩写和标记

符号和缩写

在做笔记时，我们可以使用固定的缩写和符号以提高效率。下面是一些常用的缩写符号，你也可以慢慢地建立自己的符号和缩写系统，如图 9-1 所示。

∵	因为	e.g.	举例	when	当……时		
∴	所以	/	或者	if	如果		
↑	上升	&	XX和XX	2	to		
↓	下降	Q	问题	>	XX比XX更重要		
⇒	导致了XX	A	答案	= ≠	相似 不同		

图 9-1　笔记符号及缩写示例

在听课时，我们也可以使用一些简写，比如某个词汇的拼音首字母。遇到想不起来的字也可以写下拼音，课后再查，不

219

要苦思冥想，以免错过后面的信息。

标记

在做笔记时，我们还可以使用不同的标记来区分重点内容。这样在后期翻阅笔记时，一眼就能看出什么是重点和考点，如图 9-2 所示。

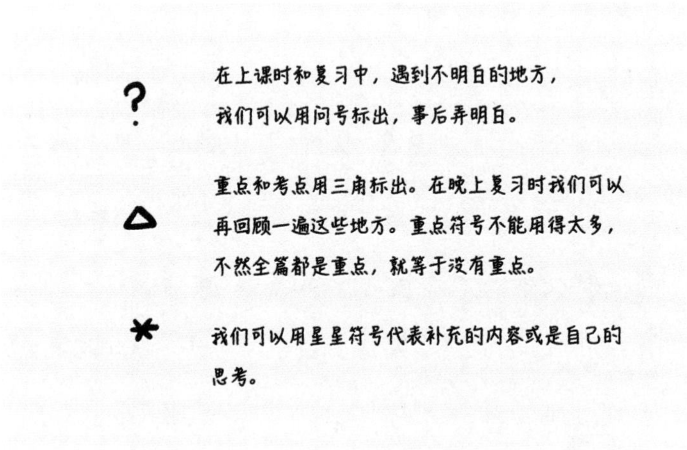

? 在上课时和复习中，遇到不明白的地方，我们可以用问号标出，事后弄明白。

△ 重点和考点用三角标出。在晚上复习时我们可以再回顾一遍这些地方。重点符号不能用得太多，不然全篇都是重点，就等于没有重点。

✻ 我们可以用星星符号代表补充的内容或是自己的思考。

图 9-2　特殊符号示例

在工作中，我们也可以使用同样的标记，例如，"？"代表自己不清楚的地方，需要询问同事；"△"代表重要事项，需要立刻跟进。

整洁笔记的小妙招

使用大标题、副标题

我们可以用标题建立笔记的框架，通过大标题—小标题—知识点的顺序，建立内容的逻辑关系。如图 9-3 所示，在分别为两种标题进行编号时，我们既可以用数字，也可以用符号。

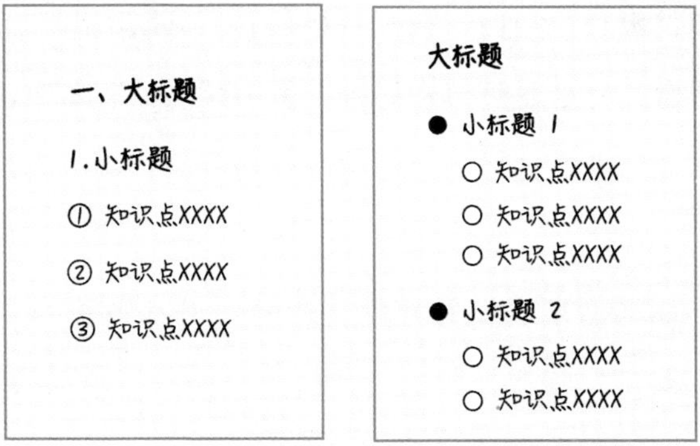

图 9-3　大标题、小标题示例

注意标题不可太多，最好不要超过 3 层，不然结构过于复杂。

另外，建议采用统一的标题系统，在任何科目、任何笔记中都使用相同的笔记系统，包括统一的符号和缩写。这样你会越来越熟悉这套逻辑，形成条件反射，一看到相关的标题和符号就知道对应的是什么内容。

▌留白

学会在笔记中留出空白。

在每一部分内容结束后，每一段结束后，每一个主题结束后，都要留出一段空白。在一章结束后，可以留出一整页的空白。这样做的好处是可以在思维上做出区隔，清晰地划分出每个独立的知识点。这样的笔记内容被划分为一块一块的，更加直观。

这样如果后期需要补充笔记内容，也有足够的空间，如图 9-4 所示。

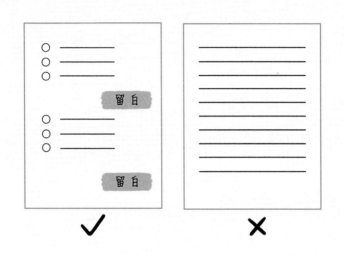

图 9-4　在笔记中留白

保持宽行距

我们要在每一行文字之间保持适度行距（见图 9-5）。相比过于密集的文字，宽行距更便于后期查阅，可以让人快速定位到知识点。设想一下考试前，我们突然想不起来某个内容，需要翻阅笔记，如果我们把笔记记得密密麻麻，那一定很难找到关键点。

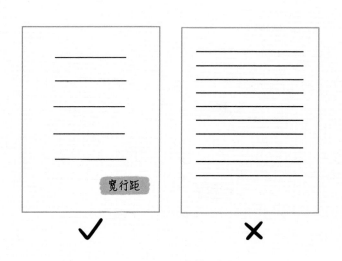

图 9-5　保持宽行距

▎适度分行

　　每一行文字都不要写得太满，否则后期阅读起来会很费劲。如果一句话表达了不止一个意思，就另起一行。比如，

　　　　A 在 ×××× 年发表著作《××》，提出 ×× 理论。

　　可以写成 2 行：

——A 在 ×××× 年发表著作《××》,

——提出 ×× 理论。

使用不同颜色的笔

关于在笔记中如何使用不同颜色的笔，可以参考以下内容。

● 笔记的正文内容，用黑色。

● 重点、考点内容，用蓝色。

● 疑问、错误的地方，用红色。

注意，蓝色、红色也可以替换成其他颜色，但要与黑色有所区分。

切记不要使用过多的颜色，也要避免用铅笔做笔记。

建立笔记索引系统

在右上角写上日期

每当开始做笔记时，我们应在右上角写下当天的日期和对应课本的页码。每当复习时，看到这个日期，我们就能回忆出当时做笔记的场景，也知道这个内容距离现在的时间，它是一个"久远"的知识，还是一个"新鲜"的知识。

建立笔记索引

我们可以用不同的笔记本记录不同科目的笔记；可以在笔记本的封面或者书脊上为笔记编号，可以采用"学期＋学科"形式，如"九年级上＋数学"。

在同一个笔记本中，我们可以使用便利贴在侧面做章节的区分，如图 9-6 所示。

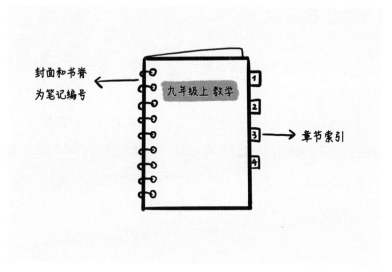

图 9-6 笔记索引系统

▎桌面收纳

我们要定期整理书桌和学习材料，乱糟糟的桌面会让我们分心。当我们想找一份文件时，没有条理的桌面会使我们降低效率。

把所有学习资料分为课本、试卷、教辅和笔记本，在书架上将其分类放好。每当一个阶段的学习结束后，我们就可以将已经用完的资料收纳好，然后将最常用、马上会用到的资料放到手边。

▌激励自己

在笔记本的第一页或者每一章开始的地方，写上一句激励自己的话吧！

每当翻开笔记本看到这样的句子，我们都会觉得能量满满。尤其当遇到困难时，当感到疑惑时，打开笔记本，映入眼帘的就是这些积极的话语，它们能给自己加油打气！

改变人生的时刻已经到来，就是现在！

第 10 章

克服拖延，采取行动

拖延症——你在拖什么

如图 10-1 所示，左图是我们的理想状态，每天能按时按量地完成工作任务，一步步顺利完成计划！

但现实却正好相反，右图才是我们的真实状态。

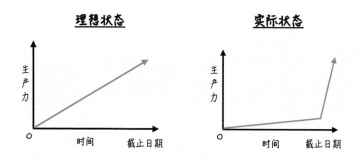

图 10-1　理想状态与实际状态

明明有 2 个月的假期，却在开学前一晚疯狂地补作业；明明有很长时间准备考试，却在考试前几天临时抱佛脚；明明早就知道交论文的时间，偏偏在前几晚开始连夜赶论文……

每当接到任务时，明明还有很长时间，但是不知怎么，一晃时间就到了最后期限。我们总是计划得很美好，但行动永远跟不上计划。

每次都告诉自己，等一会儿再做，但行动却从未到来。一拖再拖，总是临近截止日期，压力陡增，我们才急匆匆地开始。

当然，有些事情有一个规定的日期限制，但很多事是没有时效的，比如好好锻炼身体、学一门技能、说一口流利的英语，这些事情没有人规定我们什么时候完成。因此拖着，再拖着，几年可能都不会开始，有些人也许一辈子都不会去做。

往小里说，拖延降低效率，影响工作结果；往大里说，拖延影响我们实现人生的目标和理想。

拖延是什么

> 拖延是你明明知道自己该做什么、要做什么，却不去做。

有时候，拖延并不是什么都不做，而是为了逃避眼前的这项任务，转而去做一些相对容易的事情。比如你平时不喜欢打扫卫生，但是现在你需要写作业，相比完成作业，打扫卫生更容易，所以为了不写作业，你开始打扫卫生。

在同类型任务里也会出现拖延的情况，比如都是学习任务，一项是为马上到来的考试开展复习，另一项是做作业。比起复习这项更有难度的任务，写作业似乎变得简单了，于是本该去复习的你却转头去写作业了。

为什么会拖延

拖延是人类的天性，大部分人都会拖延，即使成功人士也在所难免。所以我们没必要自责，而是要了解拖延背后的原因。

自远古时期，原始人出现在这个地球上就带有一种天性，即趋利避害。想想那个时候的人，每天寻找食物、填饱肚子是第一要义，而且要时刻保持警觉，不能被突然出现的野兽吃掉。

这种趋利避害的本能让原始人追求食物、温暖和安全，同时回避危险和困难，正是这样的天性让他们存活了下来。虽然时间过去了这么久，我们的生活也发生了翻天覆地的变化，但这个来自祖先的本能依然根植在我们的潜意识中。

现在的我们不会面临突然出现的野兽，但是我们要面临繁杂的工作、艰巨的学习任务和各种人际关系。我们的大脑依然追求快乐，逃避痛苦。对比玩游戏和看书，玩游戏会让我们更快乐，我们自然会选择玩游戏。

当面临两项都不那么愉快的任务时，大脑会快速区分哪项任务即刻就会带来痛苦，然后下意识逃避更困难的任务。比如，为考试开展复习时，我们需要动脑筋、消耗脑力，这件事看上去很痛苦，因此我们转而去写作业，这件事相比复习显得"简单"很多，看上去没有那么费力。

长此以往，这个本能让我们离目标越来越远，因为造成短期痛苦的事情往往会带来更长期的收益。就像复习虽然看着很困难，可是我们一旦去做，我们的成绩就会逐步提高，我们也会体验到优异成绩带来的快乐，形成良性循环。相反，不去复习，只写作业，带来的却是长期痛苦，因为我们只是按部就班地完成老师布置的任务，没有根据自己的情况查漏补缺，我们的成绩就得不到提升，这会一直为我们带来烦恼。

面对拖延，我们无须自责。每个人拖延的原因都不同，我们要了解自己的拖延是出于哪个心理因素。

📄 追求完美

追求完美的人期望事情能够完全按照预期发展，做到事事完美。这导致他们迟迟不开始行动。其本质是害怕失败，因为稍有不慎，没有达到预期，他们就会陷入自我否定的泥潭。

追求完美的人就相当于用一套极其苛刻的标准把自己框住，如果达不到，就会觉得自己毫无价值。考试少考了几分，工作没有实现预期的结果，都会让他们觉得自己很失败。我们要用成长的眼光看待事物，比如一次没考好，不代表自己学习成绩差，反而是一次提升成绩的机会。我们可以通过这次考试查漏补缺，在下一次考试中取得更好的成绩。

抵触心理

有些人面对任务产生了畏难情绪，心里非常抵触，因此不愿意开始行动。其实每件事本身并无好坏之分，也并无难易之分，是我们对这件事的看法赋予了它不同的意义。比如有的销售人员需要给客户打电话，他担心被拒绝，担心产品推销不出去，因此害怕给客户打电话。实际上，打电话这件事并不可怕，而是销售人员对未来产生焦虑和担忧，进而害怕做这件事。

还有一种心态是觉得这件事枯燥无味，不想去做。同样，事情本身不分有趣、无趣，是我们自己赋予了这件事某种感受。

📋 摆烂

有些人觉得要考试了，来不及复习了，所以在心态上就放弃了，任其发展。这是发自内心的一种无力感，想通过放任不管来做反抗。本质上，是期望找到掌控感。这些人可能在现实中面临很大的压力，渴望拥有自由的生活，于是干脆通过什么都不做来抵抗对现状的不满。

📋 盲目自信

拖延的另一个原因是盲目自信。所谓"无知者无畏"，有时我们低估了任务的难度，没有认识到具体的工作量，因此在心理上轻视了任务的难度，造成了"晚点开始也来得及"的心态。

打败拖延的 5 个法宝

知道是不够的，我们必须学会运用；

有意向是不够的，我们必须学会行动。

——李小龙

要事第一

巴菲特的专职飞行员曾问过他这样一个问题：要怎样才能像巴菲特一样成功？

巴菲特让这位飞行员列出人生中最重要的 25 件事。这位飞行员列出后，巴菲特让他再圈出其中最重要的 5 件事。

这位飞行员圈出后说他会重点完成这 5 件事，然后尽量完成其他重要的事。

巴菲特说他的做法大错特错，他应该把全部精力集中在这 5 件最重要的事上，然后像躲瘟疫一样躲避其他事。

我们只有专注最重要的事，才能集中精力，早日达成目标。
精力有限，当我们把注意力分散在了不重要的工作上，自
然就没有精力去完成更重要的事。久而久之，真正要紧的事就
被耽误了。

- 解决最让你头疼的问题：问问自己，"我现在最大的问
  题是什么？"比如学习上最让你头疼、最拉分数的是
  哪一门学科？如果把这个问题改善了，可以解决你一
  大半的烦恼。
- 先做最重要的事：每天做计划时列出所有待办事项，
  然后找出最重要的 3 件事，优先安排去做这 3 件事。
  如果每件事对你来说都很重要，那就等于每件事都不
  重要。

分清主次，聚焦核心。找到对你来说最重要的，而不是最
紧急的那件事。在没有完成这件事之前，不要做其他事。

拆分任务

在完成一项任务前，先把它拆分成几个小步骤，每个步骤
要尽量小、清晰、具体、独立。这样我们开始要做的只是一个

很简单的步骤，而不是整项任务，我们就会非常明确下一步该做什么，从而大大提高行动力。

比如我计划写这本书，写一本书的工程量是很大的，但是我把它拆分成几章，然后再确定每章包含几节，每节又包含几段，每一段写什么内容。这样我每次在开始写作时，只要聚焦这一段写什么就可以了，一项庞大的任务瞬间就被瓦解了。

正如马丁·路德·金所说："有信心地踏出第一步，你不需要看到整个楼梯，只要踏出第一步就好。"

只做 5 分钟

万事开头难，对任务的畏难情绪往往让我们一拖再拖。但是，我们的大脑很"好骗"。告诉自己我就只学 5 分钟，之后就不学了。你会更容易开始，而且一旦进入任务后，你会不知不觉地继续做下去。

把握早起后的时间

早起后的时光很重要，经过一晚上的休息，我们的头脑更加清明，精力最旺盛。把你觉得最难的事作为早起后第一件事来做，效率会更高。你会发现，平时也许需要几小时完成的任务，在早上竟然只花一小时就完成了！

延时满足

最后，介绍打败拖延的终极大招——延时满足。

斯坦福大学做过一个著名的实验，在儿童面前放 1 颗糖，告诉他们："可以吃糖，但是如果立刻吃掉，就只能吃这 1 颗糖，如果等 20 分钟，就可以吃 2 颗糖。"

实验结果显示，有些孩子抵挡不住诱惑，很快就把糖吃掉了；有些孩子却有更强的自我控制能力，可以等到 20 分钟后得到更大的奖励。

> 所谓延时满足，就是当面对诱惑时，人们可以为了未来更大的目标抵挡住诱惑，表现出自制力。这并不是压抑自己的欲望，对自控力强的人来说，相比眼前的诱惑，长远的目标更有价值，能带来更大的喜悦。

当你想玩游戏时，你想到的是什么，是有趣的玩乐和各种刺激的环节。

当你不想学习时，你想到的又是什么，是挑灯苦读，是自己辛苦的身影。因此，你不想做，想偷懒。

转变你的思想，学习和努力也许辛苦，也许当下看不到什么回报，但是你的未来却因为你现在做的每一件事而时刻在改变。

想象未来的你，在成功的那一刻，一切梦想都实现了，你就像你的偶像或你崇拜的人一样成功。

现在做的这件事并不是在吃苦，而是在为美好的未来添砖加瓦。现在的你每多努力一分，你未来的高楼就又添了一块砖。

正如体操女皇香农·米勒所说："每一个瞬间都很重要！"

越自律越自由，为什么错

NBA 历史上最伟大的球员之一科比·布莱恩特在很多人心目中都是无法替代的存在。大家都知道他的经典名言——"你见过凌晨 4 点的洛杉矶吗？"，可见他对训练的认真和努力。

科比在平日的训练中一直非常刻苦。据他的队友回忆，有一次，他一大早就来到体育馆训练，以为自己一定是最早来练球的，没想到科比早就到了，而且已经做完了几组训练。更让人难以想象的是，队友练习了好几个小时，觉得可以休息了，但是科比依然在打球。

还有一次，科比的右手受伤了，他的队友认为科比终于不是第一个来体育馆训练的人了。结果等队友到了训练场地，很远就听到了运球的声音。没错，科比依然早就到了。而且，他因为右手打了石膏，正在练习如何用左手投篮。

著名的投资人巴菲特已经到了 90 多岁的高龄，依旧每天一早准时到公司工作。很多人如果能拥有巴菲特 1% 的收入，估计都不会再上班了。但他却说每天早上都盼着去上班，好像工作对他如游戏一般，他乐此不疲。

我们身边也有这样的人，他们可以坚持早起，坚持锻炼，对工作和事业付出极大的热情。他们似乎可以为了工作抵挡住娱乐的诱惑，为了健康的身体抵挡住美食的诱惑。

我们习惯称这种人为"自律的人"。我们认为正是因为自律，才让他们有这样日复一日的努力和坚持，获得常人难以企及的成就。我们之所以做不到，是因为我们不够自律，只要我们也能拥有这种品格，就可以不一样。

自律的误区

这就让我们掉进了自律的误区，即一句广为人知的话：越自律越自由。仿佛只要做到自律，我们就能专注投入学习和工作，自动做到刻苦、勤奋和坚持。

所以，我们试遍了各种自律的方法，但都收效甚微，最后的结果就是"三分钟热度"，过了几天又恢复老样子。

因为事实正好相反，其实是先有自由，才有自律。

不是因为我们自律了，才产生行动，而是因为周遭的环境和自身的内驱力"达标"了，促使我们行动起来，从而显得我们很自律。

明白了吗？自律并不是一个可以获得的品格，它只是一个当你行动起来后所展现的结果。换句话说，自律跟人本身关系不大。在你身处的环境，你心里多么想做这件事，才真正重要。

内外兼修，从外要创造有利于工作的环境，远离诱惑；从内要找到内驱力，提升动机。

▌环境的力量

我们的意志力是禁不起考验的，不要尝试对抗意志力。如果把游戏机放在你面前，让你克制自己不去玩，这要消耗很多意志力。让你抵抗做这件事的愿望，最后的结果可能是你非但没有抵住诱惑，还因此耗尽了意志力，导致在接下来的工作中无法集中精力。

我们常说戒掉诱惑，但是戒掉这个动作本身是很难的，需要很强的意志力。

- 我们要做的不是戒掉，而是远离。
- 我们要做的不是抵抗，而是眼不见为净。

成功人士之所以成功，也许不是因为他们有多自律，或者有着惊人的意志力，而是他们通过创造合适的工作环境避免了阻力。

创造一个有利于工作的环境，当你身边没有诱惑时，你也就不需要靠意志力来维持努力了。

如果把零食放在随手可及的桌子上，你会在不知不觉中吃掉更多的垃圾食品；如果把零食换成水果，你会不自觉地吃更多的水果。

如果希望专心地学习和工作，那就划分一个专门的学习和工作区域。在这个区域内，不能放会对你产生诱惑的东西，把手机调成静音，或者干脆把它放到另一个房间。把任何和学习无关的东西都放到另一个房间，你看不到，自然也就不会去想了。

如果你想创业成功，就不要和混日子的人一起工作，而要和志同道合的人一起工作。如果你想好好学习，就不要总跟上课迟到、下课不学习的人为伍。

建立良好的工作流程，也能帮助我们行动起来。高效的工作流程，就是建立一个系统，告诉我们接下来每一步该如何出击。例如，拆分任务、做计划、培养好的习惯，都可以帮助我们自动进入工作的轨道，我们就可以顺其自然地完成工作了。

如何提高自控力

当我们对自己的成绩、收入不满意，对生活现状不满意时，大部分人往往会找各种办法试图改变现状。想提高成绩的人开始多做试卷，想提高收入的人开始寻找新的工作机会。

但这些都是表面的方法，治标不治本，这些表象是浮在水面上的冰山一角。真正影响结果的是更深层次的原因。你为什么学习？你为什么想赚钱？你有多想赢？

你的信念、你的动机和你的心灵，才是沉在水下的冰山主体。这些才最终决定了你能实现多大的目标、取得多大的成就。这些因素不改变，现状就不会有本质的改变，如图 10-2 所示。

你的目标是什么？

你未来想成为什么样的人？

你想在哪座城市生活？

5 年后、10 年后，你希望过什么样的生活？

只有当你有了非常明确的目标，并且 100% 坚定于你的目标时，你才会全力以赴地去做，此时没有任何人、任何事可以阻拦你。

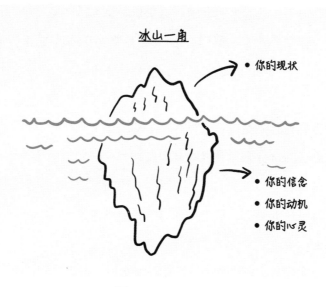

图 10-2　冰山一角

你认同你现在正在做的事情吗？你有多相信自己能够成功？你真的想做，还是觉得"应该去做"。

你有多想做这件事，取决于你内在是真的想做，还是认为自己"应该去做"。认为应该去做，可能只是为了满足父母的期待、社会的要求，并非出于自己的本意，简单地说，就是在给别人工作。在这种情况下，如果你遇到困难，就会很容易放弃，遇到不顺就很容易受打击。

只有你是为了自己主动选择去做，你完成任务是为了成为更优秀的自己，是为了挑战自己，让自己不断成长，这才会让你更有动力，做起来更轻松、更快乐。将你需要做的事与你的人生目标结合起来，问问自己："这件事有助于实现我的 ×× 目标吗？""如果目标实现了，有助于我成为一个 ×× 样的人吗？"

你没有必要在自认为没有意义的事情上花时间。你的动力来自你认同这件事，并能在其中找到成就感和价值感。体验到擅长的感觉可以激励你做得更多。当你能体验到越做越上手，越做越擅长的感觉，你就能在自我成长和提升中收获快乐，这会成为你持续努力的动力源泉。

当你找到了内驱力，你的心态改变了，你的行动就改变了。

别人看到的也许是"哇，这个人好刻苦"，但其实你并不会觉得苦。相反，你在这个过程中收获了很多成就感，自我实现让你感到充实和快乐。

所谓信念，就是你有多想要，以及你有多相信自己能实现。

如果连你自己都不相信自己能成功，你怎么会全力以赴呢？你的内心是否有一个坚定的目标，一个必须实现、不实现不行的目标？坚定的信念会带给你不达目标不罢休的决心。

能改变你的从来都不是外部力量，不是一个契机，不是一个天赐良机。不要等别人来拯救你，能改变你的只有你自己。你拥有改变自己的力量，它是你每一天的坚持，是你的决心，是你日复一日的努力。

很多人都在等上天给一个机会，想着等我升职了就怎样，等我换了大房子就怎样。殊不知，这样的机会永远不会出现，而他们也将永远等下去。自我觉醒吧！打破旧的内在，建立新的自我意识，你的潜意识远比你想的还要强大，你想要的一切都会实现，你就是拥有这份力量。

"一切皆有可能"这句话说得很对，但是需要下一句才完整，就是"只要你找对方法"。就像科比所说的："总有人会赢，为什么不能是我呢？"

找对方法，做对决策，再加上强大的信念，你会所向披靡，战无不胜。

你会过上完全不同的生活，你会有更充沛的精力，你会达成更多的目标。你身边的人会惊讶于你的不同和改变，他们会纳闷："你发生了什么，现在看起来如此不一样？"因为你懂得如果运用这些技巧重塑人生。

不怕失败，有效复盘

> 我的梦想，值得我本人去争取，我今天的生活，绝不是我昨天生活的冷淡抄袭。
>
> ——《红与黑》

今天绝不是昨天的复制。

在上学的时候，我们感觉每一节课都过得很慢，似乎永远下不了课。但是一转眼就要毕业了，马上要和校园说再见了。

在上班的时候，时间仿佛过得很快，一年一年就这样过去了。一转眼，我们已经从那个青葱少年变成了在职场上要带新人的前辈。

我们不禁感叹，时间都去哪儿了？

如果每天只是重复昨天的内容，那每过一年，我们只是长大了一岁，没有变得更智慧。如果不想让未来成为过去的复制品，我们就要通过复盘，不断反思，主动掌控人生，积极出击。只有这样，当我们蓦然回首，才会发现自己已经站到山顶。山顶的风景真好！

这就是反思的力量。

不怕失败

我们总是关注成功，避免失败，但从失败中吸取教训同样重要。所谓成功，就是从无数次失败中汲取了经验。那些功成名就的人，也曾经历过惨淡的失败。

伟大的科学家爱因斯坦，在上学期间曾考试不及格。

沃尔特·迪士尼创办的迪士尼商业帝国，不仅推出了多部经典的动画电影，还打造了迪士尼乐园，让人们在现实中圆梦。但是，他创办的第一家公司却以破产收场。

维珍航空公司的老板布兰森从小患有阅读障碍，高中就辍学了，在他的成长过程中一直充斥着质疑的声音。

达尔文凭借《进化论》成为历史上最有影响力的人之一，但他曾在上学期间表现不佳，甚至从医学院退学。

爱迪生小时候被学校老师认为智力不足……

这些并没有阻止他们朝着自己的梦想努力。没有成功是轻而易举的，没有人生是一帆风顺的。

如果他们都因为一次失败就放弃了，那之后就不会诞生改变他们人生，甚至改变世界的作品。

什么是失败？这世上有且只有一种失败，就是坐着不行动。失败是不去做，不去尝试，不去改变。除此之外，什么都不能称为失败。只要你开始采取行动，只要你永远行动下去，你就不会失败。

不要怕犯错和失败，错误才是你通向胜利的辅助。正如诺贝尔奖获得者尼尔斯·玻尔所说，专家就是在极小领域内，把所有能犯的错都犯一遍的人。正视每一次做得不够好的地方，正视每一次不足，当你把做得不对的地方都改进了，你离成功就不远了，如图10-3所示。

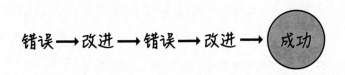

图 10-3 错误 + 改进，通往成功

反思什么

反思行动内容

总是重复自己已做好的事，不会带来改变。我们应该不断练习自己还未做好的事，不断改进，把不擅长变为擅长。在很多领域的工作中，工作时间长的"老职员"往往不如毕业没几年的"新人"。这就是因为在工作中如果只有重复，没有反思，我们就不会有意识地提高，自然也不会有进步。

著名的足球守门员布里亚娜·斯卡莉所在的足球队获得了2届奥运会金牌。在准备比赛时，她每天都会问自己：做这件事能帮我们拿到奥运会金牌吗？

自我反思和反省能够帮助我们永远专注目标，不会在无关紧要的事情上浪费时间。

反思错误

在犯错的时候，我们要问问自己：为什么会犯错？是忽略了什么，还是哪里需要提升？我们应该把自己的错误进行归纳总结，然后予以改进，确保下次不再犯同样的错误。

📄 每日反思

在每天早晨，我们要想想自己的目标，问问自己需要完成什么才能离目标更近一步。

在一天结束时，我们要反思：

"今天在哪些方面我做得很好，要继续坚持。"

"哪些方面还需要改进，明天的我应该怎么改进？"

不仅要每日复盘，我们还要每周、每月和每年定期复盘，看看是离目标越来越近了，还是在原地踏步。这就是上天给我们的第二次机会，什么时候开始改变都不晚。

我们可以通过康奈尔笔记法做反思，在左侧的线索栏写出反思的问题，如"这件事能帮我实现目标吗""为什么会错"；然后在右侧的笔记栏写出思考的结果，下次如何改进；最后在下方的总结栏写出最近几次复盘总结的经验教训，如图10-4所示。

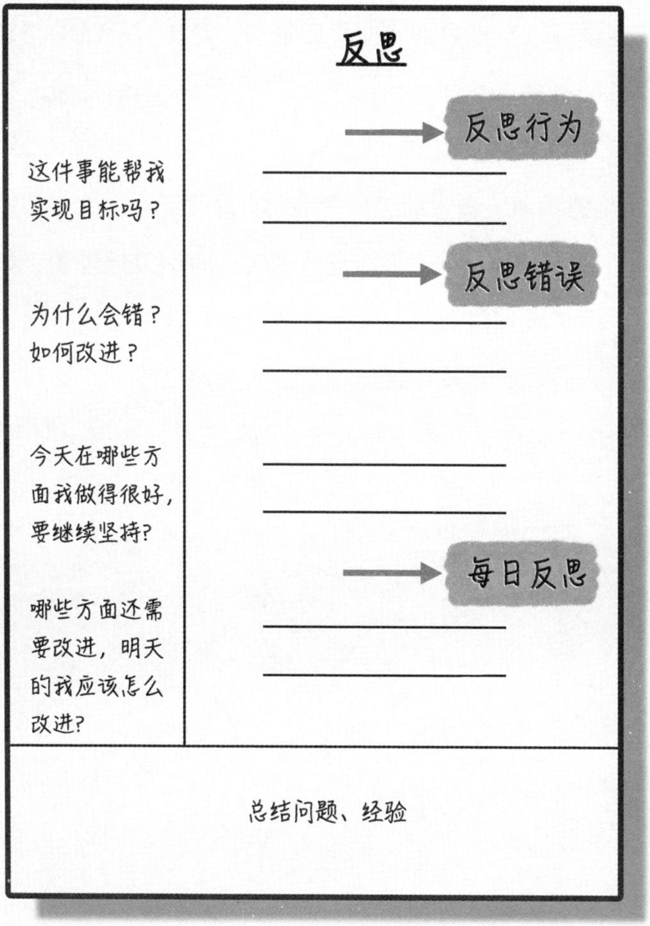

图 10-4　用康奈尔笔记法做反思

▍即时反馈，小步快跑

反馈可以来自内部，即自我觉察，对比自己做的与别人做的。也可以来自外部，来自导师、朋友和同事的反馈，来自他们提出的需要改进和提升的意见。

"刻意练习"理念的提出者艾利克森就说过，在学习一门技能时如果只是机械地重复，花再多的时间也很难进步。如果每完成一项任务都能及时得到直接的反馈，做得对还是错，哪里错了，我们就能知道自己的不足，从而加以改进，然后运用到接下来的任务中，从而不断改进，不断进步，如图 10-5 所示。

图 10-5　反馈循环

例如，在学习中，我们可以通过做题和自我检测的方式测试自己对知识的掌握情况，然后根据结果查漏补缺。完成一章的复习就及时检测，小步快跑，不要等复习完整本书了才开始，如果这样我们对之前的学习情况的记忆就模糊了。

打破旧思维，建立新的方法

> 如果你继续做你之前到现在一直都在做的事，那你就会继续得到你一直以来得到的东西。
>
> ——知名作家吉米·罗恩

如果想要前所未有的成功，就要做以前从未做过的事情。如果你对现状不满，认为自己的成绩不理想，说明你正在做的事和运用的方法对你没有什么帮助。

你不可能重复着以前低效的工作方法，还期盼着有更好的结果，这简直就是期盼天上掉馅饼。所以，你要抛弃旧思维，替换成新的思维，你需要着手改变。

如果你从未早起过，不妨试试连续早起一个月；如果你一直对生活很被动，不妨试着在课上主动回答一个问题，或者为自己争取一个机会。总之，当你发现现状和你的理想相去甚远时，不妨站在旁观者的角度，看看你的方法和方向是否正确，如果错了，就要改进。受得了别人受不了的苦，付出了别人不愿付出的努力，你才能取得前所未有的成功。

第 **11** 章

想优秀，先自信

放松点，你已经很棒了

电影《自觉美丽》（ *I feel Pretty* ）讲述了一个自信如何改变人生的故事。

女主角是一个身材微胖、长相一般的女孩，她一直觉得自己不够漂亮，不够优秀。她对生活很不满，做着一份自己不喜欢的工作。突然有一天，发生了一场意外，她的头被撞了！

这一撞大概是撞坏了她大脑里的某种功能，让她看到的自己完美无瑕，有着苗条的身材，姣好的脸庞，可实际上她的外貌一点变化都没有。而且，只有她能看到这个"变美"的自己，别人看到的她和之前的她是一模一样的。

这一变化让她重获自信，她觉得自己这么美了，就可以做任何事。于是，她应聘了梦想中的工作，努力去争取很多机会，她的人生就像"开挂"了一样。在这个过程中，她基本收获了想要的一切。

直到有一天，她又不小心撞到了头！这让她丧失了能看到更美的自己的特异功能，她看到的自己又变回了之前那个微胖又相貌普通的女孩。结果，她瞬间觉得自己不能见人，自己不够好，配不上这一切，于是躲了起来。

慢慢地，她意识到其实自己从未改变过，自始至终都是同一副形象，只是她看自己的眼光改变了，她觉得自己很美，她自信了。

女主角终于明白，自己的价值应该由自己去定义，而不是通过其他人来评价。当你由内而外地相信自己时，你就有能力做好任何一件事。

人是如此强大，掌握着改变自己命运的力量。同时，能限制一个人的也就只有自己。

正如爱默生所说："成功来自内在，而非外在。"

▌杜绝消极思想

大脑中不可能同时出现积极的想法和消极的想法，当你的脑海中飘过一个思想时，它要么是正面的，要么是负面的。这个世界上没有哪个伟人、厉害的人是靠自怨自艾成功的，真正杰出的人都是充满正能量，积极面对问题的。

特斯拉的创始人马斯克就说过自己宁愿当错误的乐观主义者，也不愿当正确的悲观主义者。

所以，小心你的思想。你脑海中的想法要么能成就你，要么会拖你的后腿。

▎积极的心理暗示

压力都是由负面想法引起的。事情本身是没有压力的，是我们对这件事的"看法""想法"带来了压力。

例如，考试这件事本身没什么可怕的，不过是在一个地点对我们最近的学习情况进行考查。但让我们焦虑的是即将面对的不确定性，担心遇到不会做的题，担心考试的结果不理想。

工作中的任务本身也没什么可怕的，是我们总把关注点放在困难上，总担心还没有发生的事情。

用冠军的心态去迎接比赛，把自己当成考试状元一样去备考，自己时刻当自己的啦啦队。人的命运是掌握在自己手里的，要对自己有信心，多说鼓励自己的话，多做积极的心理暗示，要相信自己一定可以做到。

要多想如何实现目标，不要想有多少阻碍。

要多想成功后的"美景"，不要想困难有多大。

著名的喜剧演员金·凯瑞曾经并不富有，但是他给自己"画"了一张 1000 万美元的支票，而且放在钱包里，相信自己迟早会赚到这笔钱。后来，他成了家喻户晓的明星，赚到了不止一个 1000 万美元！

所谓起心动念，就是你心里的念想会影响你的行动，从而带来结果。也就是说，你的想法在某种程度上决定了你的结果。能限制你的只有你自己。转变关注点，把负面的想法扭转成正面的想法，你就不会觉得任务困难了。

如何建立自信

体验擅长的感觉

当你在信念里认定自己是一名优秀的学生，优异的成绩本就属于你时，你就会想方设法通过努力，通过寻找技巧去实现这个结果。但是，当你心底觉得自己是一名差生，连自己都不相信自己时，你就不会全力以赴，因为你的潜意识会告诉你努力也没用。所以，或许表面上你也在努力学习，但心里却在浑浑噩噩地敷衍。

哈里斯博士在《自信的陷阱》一书中提到，我们不一定要"先有自信的感觉"，才能做出自信的行为。相反，我们可以先通过自信的行为，来实现自信的感觉。

体验到对所做的事情很擅长，就能激励我们做得更多。在你接下来要做的任何一件事中，把目光聚焦到进展上，哪怕只取得了一丁点儿的进步，都请为自己欢呼。无论解决了一项工作任务，还是完成了一项作业，你都要认可自己的进展，告诉自己：你做得真棒！这种鼓舞会让你想继续突破，继续推进任务。在行动的过程中，不断发现自己的优势，这种越做越擅长的感觉会让你找到成就感，找到进步和成长带来的快乐。

▌正确地表扬和批评

如果正在看这本书的你是一位家长，那么请你认真阅读接下来的文字，因为你表达的方式和说话的内容会影响孩子的表现和应对问题的方式。

如果你是一名学生，也可以把本部分的内容分享给你的家人！

"股神"巴菲特曾说过，要具体地表扬，泛泛地批评。

当孩子做得对时，我们要具体地表扬，表扬孩子本身，赞美他的努力、付出的时间、品质等，这样有助于提高孩子的自尊心和价值感。

当需要批评时，不要批评孩子本身，不要贴标签，而是要纠正行为或者就事论事。比如，孩子不爱做家务，不要说孩子好吃懒做。这种说法从本质上否定了一个人，你都已经给孩子下了不好的评判，难道还期待他下次会做得更好吗？我们可以对孩子的行为给出建议，以及问孩子为什么不想做、为什么想做，这背后的原因可能更重要。

一旦发现孩子擅长的地方，你要及时做出表扬。这种表扬会让孩子在所做的事情中发掘快乐，找到成就感，会大大减少畏难情绪，从而继续努力。因为人都会在自己擅长的事情中找到意义和乐趣。所以，语言的力量是巨大的，无论在对自己说还是对别人说，请善用你的语言。

成功日记

现在，我要给你布置一项作业，拿出你的康奈尔笔记本，每天坚持写"成功日记"。

成功日记，就是用笔记本记录你所有的大小成就，大事、小事都可以！每天写出至少 5 条自己成功的事情。不需要花很多时间，在一天结束或第二天一早，回顾当天或前一天自己所有的成果，然后一条条写出来吧！你会发现自己竟然完成了这么多事情，而且都做得很棒！

我今天完成了所有的作业。

我的单词拼写今天全对了！

我尝试做了晚饭，又掌握了一项技能。

我今天看了 10 页的《康奈尔笔记法》，很有收获！

我今天做了 20 分钟的有氧运动，太厉害了。

…………

先试着坚持 7 天，中间不要间断，然后再继续坚持下去。相信我，你会体验到完全不一样的感受！现在，就在下面的空白处，写下今天的"成功日记"吧！

图 11-1 展示了如何用康奈尔笔记法写成功日记。

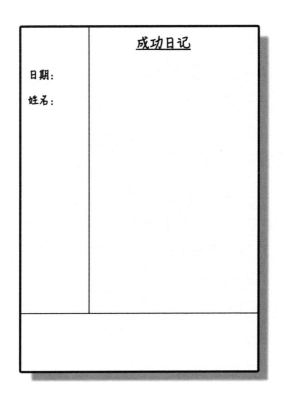

成功日记

日期：

姓名：

图 11-1　用康奈尔笔记法写成功日记

▌活在当下

英文单词"present"，翻译过来既有"现在"的意思，也有"礼物"的意思。

多么奇妙，每一个现在，每一个此时此刻，就是上天赐给我们的礼物。所以，每一个当下，都是创造奇迹的时刻；每一个当下，都是我们启航的时刻。

我们都在追求一个目标，可能是理想的学校，可能是更高的收入，也可能是更大的影响力，等等。追求成功和梦想固然重要，但别错过了这一路上美好的风景。比起那个结果，那个"终点"，是这一路的经历塑造了我们，好好体验过程更加重要。

当你选择放下过去，忘掉未来，专注于每一个当下的时候，每一秒对你来说都是重生。此时此刻，你就是你，过去已经离你远去，未来也还没有到来。此时的你是丰盈的，是充实快乐的。

现在，我希望你也能找到这份自信。通过本书的学习，你不仅掌握了世界公认的科学笔记方法，还学会了各种高效的学习方法和时间管理技巧。你已经存储了丰富的知识，将本书中的笔记方法、学习技巧加以练习，日积月累，你距离自己的梦想就不会太遥远了！

有梦不难，大胆去闯吧！

缓解焦虑和紧张

无论面对考试，还是应对工作，接下来的几种方法，都可以帮助你缓解焦虑，放松心态。

写下来

将出现在你脑海中的所有负面想法统统写下来。这是一种释放压力的好方法。当你写下来时，你会发现自己担心的事情多么脆弱，只是纸老虎。而且，你担心的大部分事情都不会发生。

腹式呼吸法

我们大多数人平时都在用胸式呼吸法，所以当我们紧张时，会感到胸口很紧，喘不上来气。

腹式呼吸法就是保持全身放松，让呼吸的节奏是缓慢的、放松的。

吸气时，感受空气进入腹部，然后慢慢将腹部进行扩张；呼气时，想象把腹部的所有空气吐出，同时感受腹部向内凹。

很多成功人士，都坚持做冥想。冥想可以控制呼吸，有益于提振我们的精神。我们每天在脑海里会有无数个想法，有些是积极的，有些是消极的，甚至是自我怀疑的。冥想可以帮助我们正视这些想法，从想法中抽离出来，不和这些想法产生连接。坚持做一段时间的冥想，你会发现自己的变化。

适量运动

研究表明，有氧运动可以促进大脑里的海马体的活动，有利于提高记忆力和学习能力。我们可以每天进行适当的有氧运动，如跑步、游泳和做瑜伽等。运动完后，我们会觉得心情舒畅。如果能每天都坚持运动 20 分钟左右，我们会发现自己的心境逐渐发生变化，这对缓解焦虑非常有帮助。

规律的作息时间

面对考试，你紧张，别人也紧张。但是在大考前仍然要保持规律的生活，不要今天有状态了，疯狂学到凌晨几点，结果第二天起不来。

每天规定好几点起床、几点睡觉、几点吃饭、学习几个小时、什么时候做运动等。保持规律的生活节奏非常重要。

睡前一小时不看手机

千万不要想着复习了很长时间，睡前看会儿手机放松一下。短视频的画面、声音和情节都会刺激大脑，在看手机时你并没有得到休息。睡前玩手机会让你的睡眠度变浅，让你的睡梦中不断闪现那些视频画面。

睡前一定要戒手机，这会让你的睡眠质量变好，让你在第二天精神更集中，状态更好，从而逐渐形成正向循环。

不和别人比

有的人看到有的同学已经复习好几遍了，有的同学分数更高，于是觉得自己掉队了，变得更加焦虑了。

看到别人做完了很多卷子，复习得很快，不要着急，静下心来，按照自己的节奏去做就可以了。想一想你最能提分的科目有哪些，然后抓大放小，把任务拆分成小步骤，再一步一个脚印地去完成。

每个人都有自己的"赛道"，每个人都有自己的"时区"，没有快慢之分。有的人20多岁结婚生子，有的人50岁还在环游世界。不要看到别人比你走得快就焦虑，即使走得慢，你也会到达终点。找到自己的节奏，永远只和自己比。

参考文献

[1] 沃尔特·鲍克，罗斯·J.Q.欧文斯.如何在大学学习 [M].清浅，译.天津：天津科学技术出版社，2020.

[2] 凯文·克鲁斯.高效 15 法则：苹果、谷歌都在用的深度工作法 [M].高欣，译.北京：中国友谊出版公司，2017.

[3] 申克·阿伦斯.卡片笔记写作法：如何实现从阅读到写作 [M].陈琳，译.北京：人民邮电出版社，2021.

[4] 林恩·莱夫利.不再拖拉——教你立即采取行动的 7 个步骤 [M].唐艳华，等译.北京：中信出版社，2002.

[5] 芭芭拉·奥克利.学习之道 [M].教育无边界字幕组，译.北京：机械工业出版社，2022.

[6] 石井贵士.1 分钟超强笔记术 [M].商倩，译.北京：中国水利水电出版社，2016.

[7] 石井贵士.1 分钟超强记忆法 [M].陈媛媛，译.北京：中国水利水电出版社，2016.

[8] 东尼·博赞，巴利·博赞.思维导图 [M].亚太记忆运动理事会，译.北京：中国广播影视出版社，2022.

[9] 博多·舍费尔.小狗钱钱 [M].文燚，译.北京：中信出版社，2021.

[10] 卡罗尔·德韦克.终身成长 [M].楚祎楠，译.南昌：江西人民出版社，2017.

[11] 池田千惠.起床后的黄金 1 小时 [M].范宏涛，译.北京：北京日报出版社，2021.

[12] 安德斯·艾利克森，罗伯特·普尔.刻意练习：如何从新手到大师 [M].王正林，译.北京：机械工业出版社，2016.

[13] 托马斯·科里.富有的习惯 [M].程静，刘勇军，译.北京：民主与建设出版社，2018.

[14] 路斯·哈里斯.自信的陷阱：如何通过有效行动建立持久自信 [M].王怡蕊，陆杨，译.北京：机械工业出版社，2019.

[15] 马尔科姆·格拉德威尔.陌生人效应 [M].朱晓斌，译.北京：中信出版社，2020.

[16] 埃克哈特·托利.当下的力量 [M].曹植，译.北京：中信出版社，2013.

[17] 彼得·考夫曼.穷查理宝典：查理·芒格智慧箴言录 [M].李继宏，译.北京：中信出版社，2016.

[18] 埃里克·乔根森.纳瓦尔宝典 [M].赵灿，译.北京：中信出版社，2022.

[19] 赖德·卡罗尔.子弹笔记 [M].陈鑫媛，译.北京：北京联合出版公司，2018.

[20] 吉姆·洛尔，托尼·施瓦茨.精力管理 [M].高向文，译.中国青年出版社，2015.

[21] 米哈里·契克森米哈赖.心流：最优体验心理学 [M].张定绮，译.北京：中信出版社，2017.

[22] 高桥政史.聪明人用方格笔记本 [M].袁小雅，译.长沙：湖南文艺出版社，2020.